Gloria Wüns

Der Weg des Maniefes- tierens

Wie Du durch bewusstes Lenken
Deiner Gedanken und Erweiterung
Deines Bewusstseins Dein Glück formst

Originalausgabe
1. Auflage Februar 2024

Inhalt

Vorwort

Unsere Welt entwickelt sich ständig weiter. Das stellt uns als Einzelnen jeden Tag aufs Neue vor Herausforderungen, die es zu bewältigen gilt. In diesen Phasen kann die Macht unserer Gedanken uns stark beeinflussen und unser Wohlbefinden verändern.

Aus diesem Grund ist es wichtig, dass du die Macht erkennst, die mit deinen eigenen Gedanken einhergeht. In diesem Kontext ist die Technik des Manifestierens nicht nur ein neumodischer Trend. Vielmehr kann das Manifestieren, sofern es sinnvoll eingesetzt wird, dazu beitragen, dein eigenes Leben zu beeinflussen.

Auf der Basis dieses Ratgebers erhältst du daher praxisorientierte Werkzeuge an die Hand, die dir dabei helfen, dein Leben nach deinen Vorstellungen zu leben und deine Träume in die Tat umzusetzen.

Im Kontext des Buches wirst du dabei' neben theoretischen Anhaltspunkten auch praktische Übungen und Anleitungen für deinen Alltag erhalten. Diese helfen dir dabei, beim Manifestieren sicherer zu werden.

Ein Tipp an dich: Sei offen und beschreite den Weg der Manifestation gemeinsam mit diesem Ratgeber.

Viel Spaß dabei wünscht dir

Gloria Wünsche

Einleitung

Du bist der Schöpfer deines eigenen Lebens. Du formst deine Gedanken und diese durchdringen deine Handlungen und Überzeugungen. Warum also nicht diese Kraft deiner eigenen Schöpfung gezielt nutzen und für dich selbst das Leben gestalten, von dem du immer geträumt hast?

Im Kontext dieses Ratgebers wirst du daher in die Macht deiner Gedanken eintauchen und lernen, wie du dir deine eigene Realität auf der Basis von Manifestation erschaffen kannst.

Zunächst wirst du dabei die Grundlagen des Manifestierens aus wissenschaftlicher und spiritueller Perspektive kennenlernen, bevor wir gemeinsam in die Techniken und Methoden der Manifestation, hierunter auch Affirmationen und Visualisierung, eintauchen werden.

Neben diesen Methoden erhältst du weitere hilfreiche Tools für die Bewältigung deines Alltags sowie das Praktizieren der Manifestation.

Auf der Basis von Erfolgsgeschichten kannst du im Verlauf des Ratgebers weiter in die Praxis eintauchen und erfährst, wie Menschen die Manifestation bereits erfolgreich praktiziert haben.

Damit diese Methoden auch im Hinblick auf die Erreichung deiner Ziele greifen, ist es wichtig, dass du den vorliegenden Ratgeber nicht nur als bloße Anleitung verstehst. Vielmehr geht es darum, das im Kontext erworbene Wissen in deine eigene Lebenspraxis zu integrieren und es verantwortungsbewusst anzuwenden. Hierbei hilft dir dieser Ratgeber.

Es ist dein Buch, markiere dir wichtige Stellen farbig, kommentiere Inhalte, nutze dieses Exemplar als Arbeitsmittel und setze es aktiv ein. Betrachte den Inhalt nicht als in Stein gemeißelt. Letztlich soll dieser Ratgeber als Wegweiser dienen, den du ganz individuell auf deine jeweilige Situation anwenden kannst.

Die Macht der Gedanken ✳(3)

Heute leben wir in einer Welt, die von einer Vielzahl an Möglichkeiten umgeben ist. Auch die Macht der Gedanken liegt hierin verborgen. Mit dem weiteren Lesen der nachfolgenden Kapitel wirst du eingeladen, dich für diese Macht zu entscheiden, die du auf der Basis deiner innersten Überzeugungen formen kannst. Mithilfe deiner Gedanken kannst du, wenn du dich darauf einlässt, deine Träume in Wirklichkeit verwandeln und zum Baumeister deiner eigenen Zufriedenheit werden. Wie dir das gelingt, erfährst du nachfolgend.

3.1 Die Rolle der Gedanken bei der Gestaltung der Realität

Dass unsere Gedanken unser Sein beeinflussen, das war bereits einigen historischen Denkern und Philosophen bekannt. Dass wir sind, was wir denken, ist daher kein universelles Geheimnis mehr.

Im Alltag erschaffen deine Gedanken deine Welt. Sie beeinflussen deine Erfahrungen und wirken sich daher auf die Qualität deines Lebens aus. Deine Gedanken und deine Überzeugungen formen daher die Realität, die dich umgibt.

Beispiel:

 Stelle dir Folgendes vor:

> *Du arbeitest in einem Job, der dich unglücklich macht. Du bist frustriert und glaubst, dass du nicht die Möglichkeit hast, eine Arbeit zu finden, die dich mehr erfüllt. Deine Gedanken sind hierdurch geprägt von massiven Selbstzweifeln. Deine Überzeugungen sind dabei so negativ, dass du denkst, du hättest keinen besseren Job verdient.*

9

Nur wenige Wochen, nachdem du diesen Gedankengang hattest, erzählt dir dein bester Freund von den Techniken des Manifestierens. Du denkst noch einmal kurz darüber nach, bist aber von den Beschreibungen so begeistert, dass du dich entschließt, selbst mit dem Manifestieren zu beginnen. Also wiederholst du von dir zuvor ausgewählte Affirmationen (dazu im weiteren Verlauf des Ratgebers mehr) und visualisierst, wie sich deine berufliche Situation verändern soll.

Du beschließt im Folgenden, deine Gedankenmuster vollständig umzukrempeln. Diese gedankliche Veränderung führt dazu, dass du dich insgesamt motivierter fühlst. Du fühlst dich bereit dazu, an Weiterbildungen teilzunehmen, und erhoffst dir dadurch die Erweiterung deiner beruflichen Chancen.

Bei einem Blick in die lokale Zeitung entdeckst du dann eine für dich relevante Stelle, auf die du dich mit deinem veränderten Mindset bewerben möchtest. Im Vorstellungsgespräch trittst du positiv und selbstbewusst auf, sodass sich der Arbeitgeber für dich entscheidet. Rückblickend stellst du nach Einstellung fest, dass sich das erfüllt hat, was du noch wenige Monate vorher für unmöglich gehalten hast.

Das angeführte Beispiel verdeutlicht dir hier eindrucksvoll, dass deine Gedanken die Macht besitzen, deine Aufmerksamkeit zu lenken. Fokussierst du dich demnach auf bestimmte Gedankengänge oder visualisierst Ziele, bist du viel eher dazu in der Lage, die Optionen, die sich für dich in deinem Umfeld hieraus ergeben, wahrzunehmen.

In dieser Struktur wird bereits deutlich, worauf ebendiese Verhaltensweisen abzielen: Denkst du positiv, wird dir Positives widerfahren.

Auch wenn deine Gedanken natürlich nicht alle Aspekte deines Lebens kontrollieren können, so haben sie dennoch einen unwahrscheinlichen Einfluss auf deine Wahrnehmung, deine Einstellung sowie alle deine Handlungen, die sich daraus ableiten.

3.2 Die Auswirkungen von Glaubenssätzen auf unser Leben

Jeder von uns wächst im Kontext seines Lebens mit bestimmten Glaubenssätzen auf. Diese Glaubenssätze betreffen dabei uns selbst, die Einstellung zu unserer eigenen Person, aber auch unsere Einstellung zur Welt. Aber was wird unter Glaubenssätzen gemeinhin verstanden?

Definition: Glaubenssätze

* Wenn von Glaubenssätzen die Rede ist, geht es immer um spezifische Annahmen, die wir Menschen in uns tragen. Sie sind daher nichts anderes als tiefgreifende Überzeugungen, die uns entweder positiv oder negativ über etwas urteilen lassen.

Beispiel für einen negativen Glaubenssatz:

 Stelle dir eine talentierte Künstlerin vor. Wir nennen Sie Elena. Sie hat in ihrer Kindheit durch bestimmte Erfahrungen gelernt, dass sie in ihrer Person nie genug ist. Diese Annahme hat sie vor allem im schulischen Kontext stark verinnerlicht, wo ihr Lehrer sehr viel Kritik in Bezug auf ihr künstlerisches Talent entgegenbrachten. Im Verlauf ihres Lebens hat dies in Elena viele Selbstzweifel erschaffen, die ihr vor allem im Hinblick auf ihre künstlerischen Fähigkeiten im Weg standen. Sie besaß einfach keinen Mut, selbige auszuschöpfen, und auch Lob konnte diesen Glaubenssatz nicht heilen. So kommt es, dass Elena bis heute nur eingeschränkt selbstbewusst ist und sich trotz ihres Talentes nichts zutraut.

Gängige negative Glaubenssätze im Überblick:

* Ich werde meinen Traumjob nie erhalten.
* Ich kann nichts.
* Ich habe nicht ausreichend finanzielle Mittel zur Verfügung.
* Ich bin nicht liebenswert.
* Bei Fehlern lehnen mich andere Menschen ab.
* usw.

Beispiel für einen positiven Glaubenssatz:

 Im Verlauf seines Lebens hat Max gelernt, dass man an Herausforderungen wachsen kann. Dieser Glaubenssatz hat sich im Verlauf seines Lebens in seiner Kindheit entwickelt. Bereits früh wurde er mit Herausforderungen konfrontiert, die seine Problemlösefähigkeiten auf die Probe stellten. Auch wenn viele Menschen anstelle von Max aufgegeben hätten, hat Max die Gelegenheit genutzt, um an seinen eigenen Herausforderungen zu wachsen. Begründet liegt dies in einem positiven Glaubenssatz, den er bereits in seiner Kindheit entwickelt hatte und der ihm die Kraft verlieh, Herausforderungen als Chance zu betrachten und gestärkt aus ihnen hervorzugehen.

Gängige positive Glaubenssätze im Überblick:

* Ich darf jederzeit glücklich sein.
* Ich bin es wert, geliebt zu werden.
* Ich bin stark genug, um an mich selbst zu glauben.
* Ich bin genau so, wie ich bin, gut genug.
* Meine Meinung ist wertvoll.
* usw.

Natürlich sind Glaubenssätze nicht von Natur aus gegeben. Sie entwickeln sich im Laufe eines Lebens und festigen sich dabei. Mit fortschreitendem Alter sammeln wir mehr Erfahrungen und diese prägen uns, unser Leben sowie unsere Sichtweise nachhaltig.

Die meisten Menschen sammeln ihre ersten Glaubenssätze im Kontext der eigenen Familie. Hat ein Kind beispielsweise liebevolle und fürsorgliche Eltern, entwickeln sich zumeist auch positive Glaubenssätze. Wachsen Kinder hingegen in einer Umgebung auf, die von Desinteresse geprägt ist, oder sehen sich emotionale und physischer Gewalt ausgesetzt, liegt die Wahrscheinlichkeit nahe, dass die damit verbundenen Erfahrungen zu negativen Glaubenssätzen führen.

Aber nicht nur die Familie hat Einfluss auf die Glaubenssätze, die in deinen Gedankengängen entstehen. Auch dein soziales Umfeld ist entscheidend. So spielen Freunde und Mitschüler sowie sämtliche Begleiter im Verlauf deines Lebens eine wichtige Rolle bei der Herausbildung deiner Glaubenssätze.

Wird dir in deinem Umfeld beispielsweise vermittelt, dass du nicht genug bist, wird sich dies auch innerhalb deiner Glaubenssätze manifestieren. Im Verlauf deines weiteren Lebens wirst du dann dazu neigen, Erfahrungen zu sammeln, die diese Glaubenssätze bestätigen. Auf diese Weise wird dein Unterbewusstsein immer wieder die Bestätigung für die Richtigkeit dieser Sichtweisen erhalten und negative Überzeugungen haben die Möglichkeit, sich innerhalb deiner Gedankengänge zu verfestigen.

Die Glaubenssätze, die sich im Verlauf deines Lebens manifestieren, leiten demnach dein Leben. Jeder Glaubenssatz agiert dabei wie eine Brille, durch die du die Welt im Alltag wahrnimmst. Häufig nimmst du aufgrund deiner Glaubenssätze die Welt dabei anders wahr, als sie tatsächlich ist. Das liegt vor allem daran, dass uns emotionale Erlebnisse prägen. Je emotionaler ein Erlebnis ist, desto tiefer verfestigen sich diese Erfahrungen in unserem Unterbewusstsein. Traumatische Erlebnisse wie die zuvor beschriebenen sind daher besonders problematisch, da sie dazu führen, dass du bestimmte Überzeugungen über die Welt aufbaust. Im weiteren Verlauf betrachtest du die Welt dann durch eine Art Filter, der dir nicht unbedingt die Wahrheit widerspiegelt. Was bedeutet das für deinen Alltag?

Im Alltag sorgen Glaubenssätze dafür, dass wir auf der Basis unserer Überzeugungen Dinge und Handlungen von Menschen in unserem Umfeld interpretieren. Die Interpretation erfolgt dabei nicht auf der Basis der Wahrheit, sondern vielmehr auf der Grundlage unserer „Filter".

Beispiel:

Person A verfügt über folgenden Glaubenssatz: „Geld ist die Wurzel des Übels in der Welt."
Aufgrund des Glaubenssatzes neigt Person A dazu, wohlhabendere Menschen eher als egoistisch zu bewerten, auch wenn sich hierfür keinerlei Anhaltspunkte finden lassen. Die Interpretation basiert dabei nicht auf den Handlungen der jeweiligen Person, sondern vielmehr auf dem Filter des Glaubenssatzes, den Person A in Bezug auf die Thematik Geld in sich trägt.

Wie das obige Beispiel zeigt: Auf der Basis deiner verinnerlichten Glaubenssätze kann es von Zeit zu Zeit sinnvoll sein, deine eigenen Interpretationen zu hinterfragen:

* Könnte die Situation/Handlung noch auf andere Weise interpretiert werden?
* Gäbe es noch einen anderen Blickwinkel auf die Situation/Handlung?

Dies ist bereits ein erster Schritt in Richtung Transformation deiner Glaubenssätze. Das ist vor allem deshalb wichtig, weil Glaubenssätze auch deine Wahrnehmung beeinflussen können. Selbsterkenntnis ist hier der erste Schritt zur Veränderung deines Lebens. Glaubenssätze können sich nämlich sowohl negativ als auch positiv auf den Verlauf deines Lebens auswirken.

Die gute Nachricht ist: Du kannst deine Glaubenssätze jederzeit verändern, wenn du beabsichtigst, mehr Leichtigkeit in dein Leben zu bringen! Wie dies gelingt, wirst du in diesem Buch erfahren.

3.3 Die Grundlagen des Manifestierens verstehen

Im Kontext von gedanklichen Prozessen sowie zur Erzeugung von Klarheit innerhalb der Gedanken ist das Manifestieren eine unabdingbare Methode. Der Begriff der Manifestation leitet sich dabei vom lateinischen Begriff „manifestare" ab und bedeutet wörtlich übersetzt so viel wie „zeigen" oder „deutlich machen".

Im Verlauf eines Lebens verfolgt jeder von uns Träume und Visionen. Was für den einen die Weltreise ist, ist für andere die Eröffnung eines eigenen Cafés oder die Gründung einer Familie. Einige Menschen würden nun behaupten, dass nur die wenigsten Menschen ihre Träume wirklich zur Erfüllung bringen können, wirken sie doch so unerreichbar.

Hierbei solltest du für dich jedoch nicht vergessen, dass du die Realität mit der Macht deiner Gedanken beeinflussen kannst. Dies gelingt dir in der Praxis mit der Kunst des Manifestierens.

Die Kunst der Manifestation kannst du dabei aus zwei unterschiedlichen Blickwinkeln betrachten:

* der wissenschaftliche Blickwinkel sowie
* der spirituelle Blickwinkel.

Der Blick der Wissenschaft

Aus Sicht der Wissenschaft sind Einstellungen und Glaubenssätze für das eigene Leben verantwortlich. Der Prozess der Bewusstmachung ebendieser eigenen Einstellungen und Glaubenssätze kann dabei dazu führen, dass du dein eigenes Leben gezielt beeinflussen kannst.

Allerdings äußert sich die Wissenschaft nicht dazu, welche Form von Wünschen mithilfe der Manifestation in Erfüllung gebracht werden kann. Im Sinne der Wissenschaft ist es daher nur möglich, auf das Einfluss zu nehmen, woran du auch aktiv beteiligt bist. Hierzu zählen neben deinen Einstellungen auch deine Emotionen und Gedanken.

Der spirituelle Blickwinkel

Mit Fokus auf die spirituelle Sichtweise der Manifestation kann gesagt werden, dass das Gesetz der Anziehung mit unterschiedlichen Formen von Energien verbunden ist. Jede dieser Energien verfügt dabei über eine bestimmte Frequenz, die sie ausstrahlt.

Die Energie, die du aussendest, erhältst du im Sinne des spirituellen Blickwinkels zurück (Gleiches zieht Gleiches an). Die ausgesendeten und erhaltenen Energien können sich dabei sowohl auf Situationen als auch auf Handlungen, Menschen oder Erfahrungen beziehen.

Folgst du demnach einer positiven Lebensweise, wird dir im Leben auch Positives widerfahren. Zudem werden dir Menschen begegnen, die eine ebenso positive Lebensweise verfolgen und dein Inneres nach außen spiegeln.

Übrigens: Auch wenn es einige Annahmen darüber gibt, dass das Gesetz der Anziehung eher dem Aberglauben zuzuordnen ist, ist diese Annahme schlichtweg falsch. Vielmehr stammt es aus der Quantenphysik und weist daher einen wissenschaftlichen Hintergrund auf.

Im spirituellen Bereich basiert die Manifestation jedoch auf weitaus mehr als auf wissenschaftlichen Theorien. Hierzu gehören über das Gesetz der Anziehung hinaus die Theorie des Geistes sowie die Theorie des inspirierenden Handelns.

Definition: Theorie des Geistes:

* Die Theorie des Geistes geht davon aus, dass unsere Gedanken für die Erschaffung der Realität verantwortlich sind. Das bedeutet, dass alles, was innerhalb der Welt existiert, zuvor Energie ist, also einer deiner Gedanken.

Auf der Basis dieser Theorie ist es anlehnend an die Erläuterungen daher wichtig, dass du im Alltag lernst, deine eigenen Gedanken zu beobachten und sie im Anschluss in die gewünschte Richtung zu lenken. Da du die Realität auf der Basis dieser Theorie mithilfe deiner Gedanken erschaffst, wirst du feststellen, dass sich deine Welt auch um dich herum verändern wird.

Definition: Theorie des inspirierenden Handelns

* Im Sinne der Theorie des inspirierenden Handelns geht es inhaltlich darum, dass du im Kontext der Manifestation nicht nur mit bloßer Vorstellungskraft erzeugst, was du dir wünschst, sondern dass du in dich hineinfühlst, wie sich etwas in Zukunft verändern soll und wie sich diese Veränderungen anfühlen werden.

Im Kontext der Theorie des inspirierenden Handelns ist es für deine Praxis wichtig, dass all deine Handlungen so gewählt werden, dass sie zu deinen Wünschen und Zielen passen, die du für dich manifestieren möchtest.

Beispiel:

 Stelle dir vor, du beabsichtigst, einen Job zu finden, in dem du glücklich bist. Hierbei reicht es nicht aus, dass du dir diesen Job vorstellst. Vielmehr musst du Handlungen finden, die dich näher zu deinen Zielen bringen. Im Kontext eines Wunsches nach einem erfüllenden Job könnten dies initiative Bewerbungen sein, die dich deinem Job näherbringen.

Im Prozess des Manifestierens setzen wir unsere tiefsten Wünsche in die Realität um. Dabei ist die Manifestation mehr als nur der Glaube an das eigene Selbst. Vielmehr fordert es dich dazu auf, dein Bestes zu geben und dich durch dein Handeln kontinuierlich weiterzuentwickeln.

Gedanken allein sind hierbei nicht in der Lage, Ergebnisse zu generieren. Deine Gedanken müssen daher immer von konkreten Taten begleitet werden. Grundsätzlich ist das Manifestieren daher für jeden geeignet, der sich selbst dazu in die Lage versetzen möchte, seinen Weg zum persönlichen Erfolg anzustreben. Hierbei spielt die Erfahrung im Bereich der Manifestation zunächst keine Rolle. Im Allgemeinen kommt es darauf an, die eigenen Gedanken zu kontrollieren, um die innere Zufriedenheit zu stärken. Auf diese Weise wird die Manifestation zu einer Kraftquelle in deinem Leben, die dir nicht nur mehr Glück, sondern auch mehr Zufriedenheit in allen Lebensbereichen bescheren kann.

Insgesamt lässt sich mit der Kraft der Manifestation alles erreichen, was du dir vorstellen kannst. Bist du erst einmal geübt in der Technik, kannst du alle Grenzen überwinden und die Manifestation für alle Bereiche des Lebens einsetzen. Besonders beliebt sind hierbei:

* der Wunsch nach finanzieller Freiheit,
* der Wunsch nach Liebe,
* der Wunsch nach Zusammenhalt innerhalb der Familie,
* der Wunsch nach bester Gesundheit,
* der Wunsch nach einem erfolgreichen Beruf,
* der Wunsch nach einem neuen Auto.

Für jedes deiner Manifestationsprojekte ist dabei der Glaube an dich selbst sowie die Liebe deiner eigenen Person ein Schlüssel für den Erfolg. Gelingt dir dies, kannst du mit mehr Überzeugung an der Erfüllung deiner Träume und Wünsche arbeiten.

Willst du demnach dein Leben verändern und deine Zukunft bestreiten, um deine Träume zu verwirklichen, ist die Manifestation mit all ihren Techniken das passende Werkzeug für dich.

Hinweis:

Die Technik des Manifestierens bezieht sich immer nur auf deine eigenen Gedanken und Einstellungen und damit auch auf dein Leben. Eine der wichtigsten Grundlagen des Manifestierens besagt, dass du nur dich, nicht aber andere Menschen mithilfe der Methode kontrollieren kannst.
Hast du daher beispielsweise die Absicht, eine ehemalige Beziehung wieder aufleben zu lassen, wird dir dies mithilfe der Methode der Manifestation nicht gelingen, da sie in diesem Kontext wirkungslos ist.
In der Praxis solltest du daher den Fokus auf das setzen, was sich auf deine eigene Veränderung, nicht aber auf konkrete Personen bezieht.

Die Kunst der Visualisierung

Die Visualisierung, also eine Technik der Meditation, die der Verbildlichung der eigenen Ziele und Wünsche dient, stellt den Schlüssel der Manifestation dar. Die Visualisierung hilft dir dabei, deine Vorstellungskraft aktiv anzusprechen und ein klares mentales Bild zu erschaffen, das deinen Wünschen und Zielen entspricht. Dabei werden deine Gedanken bewusst gelenkt, um deine Realität aktiv zu formen. Die Visualisierung ist demnach eine kraftvolle Methode, mit der du den Grundstein für eine zufriedene Zukunft legen kannst. Wie du deinen innersten Visionen zu mehr Klarheit verhilfst und deine Vorstellungskraft entfachst, erfährst du im Verlauf dieses Kapitels.

4.1 Klares Definieren von Zielen und Wünschen

Der Begriff der Visualisierung kann im weitesten Sinne auch als Darstellung und Veranschaulichung interpretiert werden. Den Fokus legt die Visualisierung dabei auf die Kernelemente einer Idee, eines Ziels oder eines Wunsches, der gedanklich abgebildet werden soll. In welchen Lebensbereichen du etwas erreichen möchtest, spielt im Kontext der Visualisierung keine Rolle. Der Schlüssel zu deinem persönlichen Glück sind hierbei einzig und allein deine Gedanken.

Für die Durchführung reicht es nicht aus, dass du dir vor deinem inneren Auge vorstellst, was du dir wünschst. Vielmehr geht es im Kontext der Visualisierung auch darum, dir möglichst genau vor Augen zu führen, wie das konkrete Ziel in Zukunft aussehen könnte. Damit die Visualisierung effektiv ist, bist du im Idealfall auch in der Lage, dich in die entsprechende Gefühlslage hineinzuversetzen.

Um mit der Visualisierung beginnen zu können, benötigst du konkrete Ziele, die du visualisieren möchtest. Ziele sind in deinem Alltag wichtig, weil sie dir helfen, deine Energie auf eine Sache zu konzentrieren. Ziele stellen somit die Richtschnur für den Verlauf deines Lebens dar.

Bevor du mit der Visualisierung beginnst, musst du dir also darüber im Klaren sein, welche Ziele du verfolgen möchtest. Hierzu ein paar mögliche Beispielziele zur Verdeutlichung.

Beispiele:

1. Ich sehe mich in einer beruflichen Position, die mich vollends erfüllt. Ich fühle mich stolz und bin umgeben von inspirierenden Menschen, die sich meiner Vision anschließen und diese teilen. Ich bin mit meiner Arbeit erfolgreich und erledige sie mit Leidenschaft.

2. Ich bin ein gesunder und energiegeladener Mensch. Ich bin stark und fit und gehe regelmäßig körperlicher Bewegung nach. Ich ernähre meinen Körper gesund, bin ruhig und ausgeglichen. In meinem Körper fühle ich mich wohl.

3. Zwischenmenschliche Beziehungen sind erfüllend. Ich führe harmonische Beziehungen, in denen beide Parteien Liebe empfinden können und sich gegenseitig wertschätzen und unterstützen. Diese Beziehungen bringen Wärme und Freude in mein Leben.

4. Finanziell lebe ich in Fülle und Wohlstand. Ich bin finanziell unabhängig und in der Lage, meine Träume zu verwirklichen. Ich gebe auch anderen von meinem Wohlstand ab und verwirkliche meine eigenen finanziellen Träume. Meine finanzielle Situation lässt mich sicher und frei fühlen.

Wie die Beispiele zeigen, sind diese so formuliert, dass sie eine gewisse Lebendigkeit aufweisen und die Ziele nicht nur fixieren, sondern auch auf emotionaler Ebene beschreiben. Hierbei werden auch die Sinne und die Details der einzelnen Ziele in die Beschreibung eingebunden. Gehst du wie in den obigen Beispielen vor, führt dies zu einer lebendigen und wirkungsvollen Visualisierung.

In der Praxis kannst du deine Ziele beispielsweise mit der Goal-Awareness-Checkliste (GA-CL) festhalten.

Definition: Goal-Awareness-Checkliste

* Die Goal-Awareness-Checkliste wird in der Praxis auch als Zielbewusstseins-Checkliste bezeichnet. Sie gilt als ein Instrument, mit dem du die Bewusstheit und Klarheit deiner persönlichen Ziele beförderst.

  Die Checkliste wurde von Psychologen entwickelt. Sie wird eingesetzt, um sowohl persönliche als auch berufliche Ziele zu bewerten und zu priorisieren.

Neben den benannten Punkten beinhaltet die Goal-Awareness-Checkliste darüber hinaus ein weiteres sinnvolles Tool, das du für die Zieldefinition im Vorfeld der Visualisierung verwenden kannst. Es ist besonders hilfreich, wenn du noch keine klare Vorstellung davon hast, in welchen Bereichen du dir persönliche Ziele setzen magst. Im Kontext der Checkliste werden spezifische Bereiche identifiziert.

Beispiel:

Bereich	Wichtigkeit
Karriere	
Bildung	
Gesundheit	
Körper	
Finanzen	
Einstellung	
Hobbys	

Bereich	Wichtigkeit

Anhand des obigen Beispiels lassen sich verschiedene Kategorien identifizieren. Diese kannst du beliebig um weitere ergänzen, die in deinem persönlichen Alltag wichtig sind.

Anschließend vergibst du im nächsten Schritt eine Benotung von 1 bis 10 Punkten. 1 Punkt markiert dabei die Unwichtigkeit eines Bereichs, 10 Punkte verdeutlichen die Dringlichkeit eines spezifischen Bereichs.

Ist dir deine Karriere beispielsweise wichtig, würdest du diesen Bereich mit einer 10 bewerten. Sind die Einstellungen eher unwichtig, kannst du hier eine 1 vergeben.

Nachdem du alle Bereiche beurteilt hast, ergibt sich eine Wertigkeit. Die Bereiche, die die höchste Wertigkeit aufweisen, sollten von dir besonderes Augenmerk erhalten. Unter den Bereichen mit hoher Wertigkeit wählst du dann einen Bereich, den du als Erstes angehen möchtest.

Sobald du einen Bereich identifiziert hast, kannst du dir Zeit nehmen und ein Brainstorming durchführen, um mögliche Ziele zu erkennen.

Die aus diesem Brainstorming hervorgehenden Ziele stellst du dann einander gegenüber und überlegst dir, welche Ziele dazu beitragen, dass sich dein Wohlbefinden verbessert. Außerdem solltest du dir die Frage stellen, ob das von dir gewählte Ziel tatsächlich erreicht werden kann. Führst du dieses Vorgehen bis zum Ende durch, sollten nicht mehr als ein bis zwei Ziele übrigbleiben.

Anhand der Checkliste kannst du sicherstellen, dass die von dir gewählten Ziele die nötigen Kriterien aufweisen, die für die Erreichung mittels der Methode der Visualisierung nötig sind. Hierbei kann dich die sogenannte SMART-Methode unterstützen.

Definition: SMART-Methode

* Die SMART-Methode ist eine Technik, die für das Festlegen von Zielen verwendet werden kann. Sie gibt eine klare Struktur vor, an der sich Ziele orientieren können. Bei der Orientierung an den mit der SMART-Methode gesetzten Kriterien

  - spezifisch (specific),
  - messbar (measurable),
  - erreichbar (archievable),
  - relevant (relevant) und
  - zeitgebunden (time-bound)

  erhältst du Ziele, die klar definiert sind (und sich somit gut im Rahmen der Visualisierung nutzen lassen).

Laut der SMART-Methode müssen die von dir im Rahmen der Goal-Awareness-Methode benannten Ziele bestimmte Kriterien erfüllen. Zu diesen Kriterien gehören:

* die Spezifität,
* die Messbarkeit,
* die Erreichbarkeit,
* die Relevanz sowie
* der Zeitrahmen.

Spezifität

Im Kontext der Spezifität musst du dir die Frage stellen, ob das von dir festgelegte Ziel klar formuliert ist. Folgende Frage kann hierbei hilfreich sein:

> * Gibt es genaue Parameter oder Kennzahlen, die die Erreichung meines Ziels beschreiben?

Messbarkeit

Im Sinne der Messbarkeit geht es darum, die Erreichung des Fortschritts zu definieren. Hierbei kannst du folgende Frage stellen:

> * Gibt es eine Möglichkeit, den Fortschritt und/ oder die Zielerreichung zu messen? Gibt es Kriterien, die meinen Erfolg sichtbar machen?

Erreichbarkeit

Wie der Name schon sagt, misst die Erreichbarkeit, ob das Ziel so formuliert ist, dass es realistisch umgesetzt werden kann. Folgende Fragen können dir dabei bei der Überprüfung dienen:

> * Bin ich realistisch in der Lage, das Ziel zu erreichen?
> * Verfüge ich über die erforderlichen Ressourcen, Umstände und Fähigkeiten, die für die Erreichung des Ziels nötig sind?

Relevanz

Unter diesem Gesichtspunkt überlegst du dir, inwiefern das Ziel zu deinen langfristigen Plänen in Relation steht. Es kann hilfreich sein, wenn du dies anhand der nachfolgenden Fragen analysierst:

> * Fügt sich mein Ziel in meine langfristigen Pläne ein?
> * Passt das formulierte Ziel zu meinen Wertvorstellungen und Wünschen?

* Passt das formulierte Ziel zu meinen Prioritäten im Verlauf meines Lebens?

Zeitrahmen

Im Kontext dieses Aspekts ist es deine Aufgabe, dir zu überlegen, welchen Zeitrahmen du dir für die Erreichung des von dir formulierten Ziels setzen möchtest. Folgende Fragen dienen als Hilfestellung:

* Gibt es einen klaren Zeitrahmen für mein Ziel und dessen Umsetzung?
* Habe ich das Ziel zeitlich definiert?
* Ist der zeitliche Rahmen realistisch?

Die Verwendung dieser Checkliste trägt dazu bei, dass du überprüfen kannst, ob deine Ziele im Einklang mit deinen Wünschen und Werten stehen oder ob es gegebenenfalls sinnvoll sein könnte, einige Anpassungen vorzunehmen. Auf diese Weise sind deine Ziele besser durchdacht und die Möglichkeit der Umsetzung erhöht sich.

4.2 Visualisierungstechniken zur lebendigen Gestaltung von Träumen

Wie du sicher weißt, spiegeln unsere Träume unsere Vorstellungskraft wider. Das liegt nicht zuletzt auch daran, dass wir ein Viertel unseres Lebens im Traum verbringen. Dennoch können wir uns zumeist nicht an sie erinnern. Im Traum verschmelzen unsere Emotionen mit unseren Gedanken und werden zur Realität. Wenn du sie entschlüsselst, kannst du daher von ihrer Bedeutung profitieren. Im Rahmen dieses Kapitels wirst du entsprechend verschiedene praxisorientierte Visualisierungstechniken kennenlernen, mit denen du lernen kannst, deine Träume bewusster zu steuern.

Das Führen eines Traumtagebuchs

Für das Führen eines Traumtagebuchs gibt es viele Gründe. In Abhängigkeit davon, was gerade in deinem Leben passiert, kann dies dazu beitragen, dass du innerhalb deiner Träume wiederkehrende Muster entdeckst, die Rückschlüsse auf dein psychisches Erleben zulassen können. Dein Traumtagebuch kann dir demnach dabei helfen, eine solide „Forschungsgrundlage" für deine Traumdeutung zu schaffen. Darüber hinaus sorgst du mit dem Aufschreiben deiner Träume dafür, dass du dich langfristig besser an sie erinnern kannst. Zudem trägt ein Traumtagebuch dazu bei, dass du lernst, unbewusste psychologische Prozesse zu verstehen. Auf diese Weise erhältst du die Chance, zu verstehen, was dich gerade wirklich beschäftigt. Hier bietet sich darüber hinaus die Möglichkeit, dass du frühzeitig erkennen kannst, wenn deine Psyche aus dem Gleichgewicht gerät.

So gehst du vor:

* Lege dir ein Notizbuch ans Bett. Am Abend nimmst du dir etwas Zeit, um über deinen Tag zu schreiben. Halte fest, was du erlebt hast, mit wem du den Tag verbracht hast und welche Erlebnisse dich emotional bewegt haben.
* Im Anschluss nimmst du dir vor, dich an deine Träume zu erinnern, und hältst auch diese Gedanken in deinem Tagebuch fest.
* Nachfolgend legst du dich schlafen.
* Wenn du aufwachst, schließe die Augen noch für einen Moment. Dann fragst du dich, woran du gerade denkst, woran du dich erinnerst und was passiert ist.
* Im nächsten Schritt notierst du dir genau diese Erinnerungen.

Reality Check

Der Reality Check hilft dir dabei, herauszufinden, ob du gerade wach bist oder dich in einem Traum befindest. Was zunächst seltsam klingt, kann dir im Kontext des Träumens hilfreich sein, um das Logikzentrum des Gehirns zu trainieren und klarer zu träumen.

So gehst du vor:

* Hebe deine Hände und betrachte sie.
* Dann versuchst du, durch die Wand zu greifen.

 Wenn du diese Technik regelmäßig anwendest, kannst du dir in einem Traum über diesen bewusst werden und ihn klarer erleben.

Formulierung klarer Visionen

Du solltest klare Visionen formulieren, wenn du deine Träume über eine gewisse Zeit beobachtet hast und bestimmte Wünsche in ihnen erkennst. Willst du ebendiese Wünsche in deinem Traum visualisieren, solltest du wie nachfolgend erläutert vorgehen.

* Versuche, dir darüber klar zu werden, was du willst. Hierzu kannst du mithilfe deines Traumtagebuchs deine Träume über eine längere Zeit hinweg beobachten. Am leichtesten ist dieser Schritt, wenn du deine Träume so detailliert wie möglich beschreibst. So kannst du diese immer wieder in dein Gedächtnis rufen und mit den Ergebnissen arbeiten.
* Sobald dir ein Thema aufgefallen ist, was dich im Kontext deiner Träume wiederholt beschäftigt, kannst du im nächsten Schritt dazu übergehen, zu identifizieren, warum dich selbiges beschäftigt.
* Im Anschluss schließt du die Augen und nimmst dir etwas Zeit, um dir vorzustellen, dass dein Traum bereits in Erfüllung gegangen ist. Überlege dir hierzu, wie er sich anfühlt, was genau passiert und was du tun musstest, um ihn wahr werden zu lassen.
* Ebendiese Punkte kannst du in einem Notizbuch oder alternativ deinem Traumtagebuch festhalten.
* In den folgenden Wochen gehst du dazu über, deine Glaubenssätze zu identifizieren. Hierzu kannst du dir die folgende Frage stellen:
  Welche Überzeugungen begrenzen mich in der Erreichung meines Traumes?

* Abschließend leitest du aus deinen Notizen, die du in Bezug auf deinen Traum festgehalten hast, konkrete Maßnahmen ab, die dir bei der Erreichung des Traumes dienlich sind.

Auch wenn das Visualisieren von Träumen etwas Zeit in Anspruch nehmen kann und du geduldig mit dir selbst sein musst, kann die Umsetzung der oben aufgeführten Übungen eine persönliche Bereicherung darstellen. Durch regelmäßiges Training schulst du deine Fähigkeiten, deine eigenen Träume zu gestalten, und entdeckst, welches Potenzial selbige für dich bereithalten.

4.3 Praktische Übungen zur Stärkung der Vorstellungskraft

Deine Vorstellungskraft ist ein wertvolles Werkzeug, wenn es um das Manifestieren geht.

Definition: Vorstellungskraft

* Mit dem Begriff der Vorstellungskraft wird eine Fähigkeit beschrieben, die sich auf die Kompetenz beruft, sich bestimmte Dinge fantasievoll vor Augen führen zu können. Je ausgeprägter die Vorstellungskraft eines Menschen ist, desto besser kann er Dinge und Situationen vor seinem geistigen Auge wahrnehmen.

Neben den visuellen Fähigkeiten bezieht sich die Vorstellungskraft auch auf sprachliche und logische Kompetenzen. Sprachliche Bereiche werden vor allem dann angesprochen, wenn es darum geht, eine visuelle Vorstellung sprachlich auszudrücken.

Logische Bereiche hingegen werden angesprochen, wenn es um die Vorstellung von Problemkontexten und das Durchdenken von Lösungsschritten geht.

Nicht umsonst zählt die Vorstellungskraft zu den wichtigsten Fähigkeiten, die einen Menschen ausmachen. Sie bringt dich im Leben weiter und hilft dir dabei, deine Wünsche und Träume zu visualisieren sowie Blockaden aufzulösen. Darüber hinaus kannst du sie bewusst zur Entspannung einsetzen.

Aufgrund der Erfahrungen, die wir im Laufe eines Lebens machen, kann sich unsere Vorstellungskraft verändern. Dabei können Teile deiner Fantasie verloren gehen. Umso wichtiger ist es, dass du deine visuelle Vorstellungskraft trainierst und ihr ihre Kraft zurückgibst.

Wissenswert:

 Die Vorstellungskraft kann von Mensch zu Mensch unterschiedlich ausgeprägt sein. Während einige sich sehr gut Gesichter, Situationen oder Ähnliches einprägen können, können wieder andere sich kaum etwas Derartiges merken. Dieser Mangel an Vorstellungsvermögen wird dann auch als Afantasie (also das Gegenteil von Fantasie) bezeichnet.

Einer der Gründe, warum unsere Fantasie vor allem im Erwachsenenalter nicht mehr so stark ausgeprägt ist, ist die Tatsache, dass wir sie im Erwachsenenalter, anders als noch in Kinderschuhen, seltener einsetzen und sie verkümmert. Darüber hinaus sind wir in heutigen Zeiten verschiedenen Verschmutzungen in unserer Atemluft ausgesetzt, die Untersuchungen zufolge dazu führen, dass unsere Zirbeldrüse, eine Drüse, die in den Tiefen unseres Gehirns liegt, Verkalkungen erleidet. Da ebendiese Drüse mit unserer Vorstellungskraft eng verknüpft ist, bleibt letztere häufig auf der Strecke.

Da sich der Einsatz deiner Vorstellungskraft auf unterschiedlichen Ebenen auswirkt und Einfluss auf deinen mentalen, geistigen und körperlichen Zustand haben kann, solltest du sie regelmäßig trainieren. Wie dir dies gelingt, erfährst du anhand der nachfolgenden Übungen.

Vorstellungskraft im Alltag trainieren:

Möglichkeit 1: Verzicht

Der Konsum von medialen Einflüssen wie Internet, Fernsehen, Computer oder Videospielen ist einer der wesentlichen Auslöser für eine verkümmerte Vorstellungskraft. Er führt in der Praxis dazu, dass unsere Fantasie in den Hintergrund gedrängt wird und wir kaum noch in der Lage sind, kreativ zu sein.

Um deiner Fantasie von Zeit zu Zeit eine kleine Auszeit zu gönnen, kannst du dich mit einer bewussten Pause von diesen Medien befassen. Eine besonders hilfreiche Methode stellt hier beispielsweise der Digital Detox dar.

Definition: Digital Detox

Der Begriff Digital Detox wird häufig auch als Medienfasten oder Detoxing bezeichnet. Es geht darum, bewusst auf den Konsum von Medien zu verzichten und digital zu entgiften.

* Der Begriff Digital Detox wird häufig auch als Medienfasten oder Detoxing bezeichnet. Es geht darum, bewusst auf den Konsum von Medien zu verzichten und digital zu entgiften.

Für den Anfang kann es hilfreich sein, wenn du dir 24 Stunden bildschirmfreie Zeit gönnst. Je nachdem, in welchem Arbeitsverhältnis du stehst, solltest du dein Detoxing auf einen freien Tag legen. Nach dem Start des Digital Detox schaltest du dein Smartphone und alle weiteren Geräte in deiner Wohnung aus.

Tipp für die Praxis:

 Solltest du in einem Mehrpersonenhaushalt leben, kann es hilfreich sein, wenn ihr gemeinsam eine mediale Entgiftung vornehmt. So könnt ihr euch gegenseitig motivieren. Auch, wenn es sich zu Beginn der Übung merkwürdig anfühlen kann, solltest du die Auszeit genießen. Mit der Zeit wirst du verwundert sein, welche kreativen Ideen dir durch den Kopf gehen.

Möglichkeit 2: Stelle dir Gegenstände vor

Für diese Übung schließt du die Augen. Dann versuchst du, dich zu entspannen. Im Anschluss denkst du an einen Gegenstand. Diesen betrachtest du vor deinem geistigen Auge dann von allen Seiten. Welche Form, Farbe und Größe hat er? Im nächsten Schritt kannst du dir visuell vorstellen, wie du den Gegenstand drehst und näher heranholst, um ihn genauer betrachten zu können.

Tipp für die Praxis:

Wenn du die Übung zum ersten Mal durchführst, solltest du an einen einfachen Gegenstand wie einen Apfel denken. Dieser besitzt wenig Details und ist leicht vorzustellen. Mit der Zeit kannst du dann den Schwierigkeitsgrad steigern.
Sollte dir die Übung nicht von Beginn an gelingen, solltest du sie häufiger wiederholen, um deine Vorstellungskraft zu schulen.

Möglichkeit 3: Kreativität fördern

Das wird für die Übung benötigt: Malutensilien, Papier

So gehst du für die Durchführung vor:

Greife zu ein paar Malutensilien und male intuitiv auf ein Blatt. Hierbei brauchst du keine konkrete Vorstellung davon zu haben, welches Ergebnis dein Gemälde haben soll. Vielmehr geht es darum, dass du dich kreativ auslebst und deiner Fantasie freien Lauf lässt.

Affirmationen und positives Denken

Affirmationen und positives Denken sind im Prozess des Manifestierens kreative und wirkungsvolle Maßnahmen, die dich dabei unterstützen können, deine Gedankenmuster zu formen und dein Unterbewusstsein positiv zu beeinflussen.

Definition: Affirmation

* Affirmationen beschreiben in ihrem Wortursprung eine bejahende und zustimmende Haltung. In Form von Glaubenssätzen, womit sie heutzutage häufig in Verbindung stehen, beschreiben sie die Einstellung, die du dir selbst gegenüber hast. In der Praxis sind Affirmationen immer in der Ich-Perspektive formuliert.

Beispiel:

- *Ich bin liebenswert.*
- *Ich bin wertvoll.*
- *Ich bin schön.*
- *Ich bin erfolgreich.*

Definition: Positive Denken

* Mit dem Begriff des positiven Denkens wird eine innere Haltung beschrieben, bei der das eigene Bewusstsein dauerhaft positiv beeinflusst wird. In der Praxis führt dies zu einer optimistischen Haltung und damit zu einer insgesamt höheren Zufriedenheit und mehr Lebensqualität.

Affirmationen und positives Denken dienen dir in deinem Alltag also dazu, deine Gedanken bewusst zu lenken und deine Realität zu gestalten. Wie auch dir das gelingt, erfährst du in den nachfolgenden Kapiteln.

5.1 Die Kraft von Affirmationen für Veränderungen

Im Alltag kannst du Affirmationen nutzen, um Veränderungen konkret anzuregen. Sie helfen dir dabei, deine Denkweise so zu formen, dass sie zu deinen Vorstellungen und Wünschen für dein eigenes Leben passt. Demnach dienen sie dir im Alltag dazu, dein Unterbewusstsein zu programmieren und dir neue Möglichkeiten zu eröffnen. Auf diese Weise kannst du in der Praxis Veränderungen herbeiführen.

Da du mit Affirmationen deine Gedanken lenken kannst, besitzen sie also etwas Transformatives.

Ein Blick in die Geschichte zeigt, dass Affirmationen bereits weit vor unsere Zeit zum Einsatz kamen. Man geht sogar davon aus, dass es Affirmationen oder auch affirmative Techniken gibt, seit die Menschen in der Lage sind, zu sprechen. Auch kulturelle Techniken belegen dies:

- *Mantras,*
- *Gebete,*
- *Lob,*
- *Gedichte,*
- *Songs,*
- *Geschichten,*
- *Sprichwörter,*
- *Zeremonien des Dankes,*
- *Meditationen und*
- *Märchen.*

Allen ist eins gemeinsam: Sie konzentrieren sich auf positive Gedanken und versuchen damit, die eigene innere Haltung zu verändern.

Gerade im Alltag haben wir mehr als 60.000 Gedanken, die uns täglich nachweislich durch den Kopf schießen. Die überwiegende Menge dieser Gedanken richtet sich dabei an uns selbst. In der Regel ist ein Großteil dieser Gedanken von Zweifeln an der eigenen Person sowie von Selbstkritik geprägt. Das führt dazu, dass wir uns unterbewusst zunehmend mit negativen Gedanken umgeben.

Ebendiese negativen Gedanken, auch negative Glaubenssätze, können mithilfe von Affirmationen positiv verändert werden und die Veränderungen herbeiführen, die du dir für dein eigenes Leben wünschst.

Bei der Anwendung von Affirmationen haben viele Menschen das Gefühl, sie wirken nicht. Daher kann es hilfreich sein, die nachfolgenden Grundregeln in der Praxis zu beachten:

1. Für die Formulierung von Affirmationen sind energiegeladene Worte wichtig. Die Worte, die du mithilfe von Affirmationen formulierst, sollten von dir so gewählt sein, dass sie in deiner Vorstellungskraft konkrete Bilder entstehen lassen.

2. Affirmationen sollen ein positives Ziel ausdrücken und möglichst konkret sein.

3. Eine Affirmation ist immer in der Gegenwart formuliert.

4. Achte außerdem darauf, dass die von dir verwendeten Affirmationen stimmig sind. Sie sollten weder zu schwach noch zu stark in ihrer Formulierung sein. Wichtig ist, dass sie nicht unwahr klingen.

5. Damit Affirmationen wirksam sein können, ist es wichtig, dass du dir diese mit einer gewissen Kontinuität vor Augen führst. Das bedeutet auch, dass du sie über einen Zeitraum von 21 bis 36 Tagen regelmäßig wiederholen musst, damit sie zu einem festen Glaubensmuster verankert werden können. Besonders geeignet ist hierzu die Zeit nach dem Aufstehen oder die Zeit vor dem Zubettgehen.

Wie du bereits anhand der Beschreibungen erkennen kannst, sind Affirmationen kraftvolle Sätze, die dein Leben maßgeblich verändern können, sofern du sie regelmäßig wiederholst. In deinem positiven Denken steckt damit eine optimistische Lebenshaltung, die dir viele Möglichkeiten bietet.

5.2 Umstellung auf positives Denken und seine Wirkung

Stellst du deine Denkweise um und hältst dich im Alltag an, positivere Gedanken zu haben, kann sich dies wie eine Transformation auf dein Leben auswirken. Auch wenn viele Menschen beim Thema des positiven Denkens eher mit einem Augenrollen reagieren, so ist die Macht dieser Technik in der Praxis nicht zu unterschätzen. Festgestellt werden kann: Positives Denken bringt eine Reihe von Vorteilen mit sich.

Dabei geht es im Sinne des positiven Denkens nicht darum, krampfhaft nur das Positive zu sehen und dabei das Negative gänzlich auszublenden. Vielmehr beabsichtigt das positive Denken ein hohes Maß an Bewusstheit, die Fähigkeit zur Selbstreflexion sowie eine ausgeprägte Achtsamkeit gegenüber den eigenen Gedanken.

In diesem Kontext verfolgt die Achtsamkeit das Ziel, die Fähigkeit, sich auf den gegenwärtigen Moment zu konzentrieren, zu verbessern. Es geht um das Leben im Hier und Jetzt unter Anwesenheit aller Sinne. Dies stärkt die Verbindung zu deinem Innersten und zeigt dir deine Gefühle noch besser auf.

Langfristig wirst du mit dem positiven Denken daher zu mehr innerer Ruhe und Gelassenheit gelangen. Dies wird dein Leben auf lange Sicht glücklicher machen. Du wirst dich von Negativem nicht mehr lähmen lassen und bleibst aufgrund deiner positiven Denkweise auch in schwierigen Situationen handlungsfähig. Auf Dauer wird das positive Denken, wenn du es regelmäßig anwendest, also dazu führen, dass du dich sowohl persönlich als auch beruflich höheren Chancen ausgesetzt siehst.

Auch zwischenmenschliche Beziehungen können mithilfe dieser Technik positiv beeinflusst werden.

Das liegt nicht zuletzt daran, dass positive Denkweisen auch die Art und Weise verbessern, wie du mit anderen Menschen interagierst. So kann ein gesundes Maß an Optimismus, Empathie und Freundlichkeit im Alltag dafür sorgen, dass deine Beziehungen zu deinem Umfeld gestärkt werden.

Nicht zuletzt verhilft dir diese Denkweise dabei, die Kontrolle über deine Gedanken zu behalten. Du bleibst offen für Neues und erweiterst auf diese Weise deinen Horizont, wodurch dein Selbstbewusstsein nachhaltig gestärkt wird.

Zusatzinfo:

Auch wissenschaftlich ist die Wirkung positiver Denkprozesse erwiesen. So hat man beispielsweise festgestellt, dass Menschen, die positiv eingestellt sind, über besser funktionierende Sinnesorgane verfügen.

Die gute Nachricht: Jeder kann positive Denkweisen erlernen. Nur 10 Prozent unserer Umstände sind für das Glücklichsein verantwortlich. 40 Prozent unseres Glückes hingegen werden durch unsere Denkvorgänge beeinflusst. Umso wichtiger ist es also, dass du dich mit dem positiven Denken im Alltag auseinandersetzt.

5.3 Anwendung von Affirmationen zur Veränderung innerer Überzeugungen – Eine kurze Anleitung

Um innere Überzeugungen zu verändern, solltest du die im Rahmen dieses Ratgebers vorgestellten Affirmationen regelmäßig wiederholen. Dies trägt dazu bei, dass sich neue Überzeugungen festigen und alte verändert werden. Darüber hinaus hast du natürlich die Möglichkeit, eigene Affirmationen zu formulieren.

Für die Umsetzung gehst du hierzu wie folgt vor:

1. Zunächst wirst du dir darüber bewusst, welche negativen Überzeugungen deine Gedankengänge aufweisen, die du verändern möchtest.

2. Im nächsten Schritt gehst du dazu über, Affirmationen zu formulieren. Hierzu kannst du dich an den bereits vorgestellten Tipps zur Formulierung orientieren.

3. Nachdem du ausgewählte Affirmationen formuliert hast, die für dich wichtig sind, solltest du damit beginnen, diese regelmäßig zu wiederholen. Hierbei hast du verschiedene Möglichkeiten. Zum einen kannst du die Affirmationen laut aussprechen, zum anderen kannst du sie aufschreiben. Du kannst wählen, womit du dich persönlich am wohlsten fühlst. Wichtig ist nur, dass du dabei konsistent bleibst, sodass sich die gewünschten Überzeugungen festigen können.

4. Während du die Affirmationen anwendest, solltest du an ihre Kraft glauben. Dies führt dazu, dass du mit den neuen Überzeugungen positive Emotionen verbindest, die sich in deine Denkweise einbinden können. Darüber hinaus verstärkt dieses Vorgehen die Wirkung der von dir angewandten Affirmationen.

5. Bleibe bei der Anwendung von Affirmationen geduldig. Verliere nicht deine Beständigkeit. Willst du deine eingefahrenen Denkweisen verändern, benötigt dies in der Praxis eine ganze Weile. Bis sich neue Denkweisen festigen, kann es einige Zeit in Anspruch nehmen.

6. Solltest du im Verlauf der Anwendung feststellen, dass von dir gewählte Affirmationen nicht mehr passend sind, kannst du diese natürlich im Prozess verändern und für dich so anpassen, dass sie sowohl zu deinen Zielen als auch zu deinen Überzeugungen passen.

Rufe dir im Kontext der Durchführung immer wieder vor Augen, welche Macht deine Gedanken haben. Solltest du selbst keine konkreten Vorstellungen haben, welche Affirmationen für deine Zwecke passend sein könnten, findest du nachfolgend eine Auswahl als Inspiration für die Anwendung.

Beispiele:

- *Ich bin stark.*
- *Ich bin mutig.*
- *Ich bin wertvoll.*
- *Ich bin liebenswert.*
- *Ich bin erfolgreich.*
- *Ich achte auf mich und sorge für meine Gesundheit.*
- *Ich vertraue darauf, dass ich es schaffe.*
- *Ich verdiene es, geliebt zu werden.*
- *Ich verdiene es, glücklich zu sein.*
- *Ich bin gut so, wie ich bin.*
- *Ich schaffe das.*
- *Ich bin gesund.*
- *Ich schlafe gut.*
- *Ich bin beruflich erfolgreich.*
- *Ich darf Grenzen setzen.*
- *Ich erreiche meine Ziele.*
- *Ich kenne meine Möglichkeiten und weiß, wie mich diese zu meinen Zielen führen.*
- *Ich bin entschlossen, mein Ziel zu erreichen.*
- *Auch in schwierigen Zeiten verliere ich nicht den Mut.*
- *Ich bin geduldig.*
- *Ich bin motiviert.*
- *Ich bin stolz auf mich.*
- *Ich werde jeden Tag besser in dem, was ich tue.*
- *Ich bin konzentriert.*
- *Ich ziehe liebevolle und unterstützende Beziehungen an.*
- *Ich kommuniziere klar.*
- *Ich bin einfühlsam.*
- *Ich bin verständnisvoll.*
- *Ich bin offen für Veränderungen.*
- *Ich liebe mich.*
- *Ich liebe meinen Körper.*
- *Ich umgebe mich mit positiven Menschen.*
- *Ich kenne meine Talente.*
- *Ich glaube an mich.*
- *usw.*

Die Rolle des Unterbewusstseins

Im Prozess des Manifestierens spielt dein Unterbewusstsein eine wichtige Rolle. Das liegt nicht zuletzt daran, dass dein Unterbewusstsein Einfluss darauf hat, wie du denkst, fühlst und handelst. Wie das Unterbewusstsein deine manifestierten Ereignisse beeinflussen kann und wie du es gezielt programmieren und Blockaden erkennen und auflösen kannst, erfährst du im Rahmen der nachfolgenden Kapitel.

6.1 Wie das Unterbewusstsein manifestierte Ergebnisse beeinflusst

Dein Unterbewusstsein ist geprägt von den Glaubenssätzen, die tief in dir verwurzelt sind. Diese hast du mit großer Wahrscheinlichkeit im Laufe deines Lebens erworben. Einmal im Unterbewusstsein verankert, haben sie je nach Ausrichtung einen positiven oder negativen Einfluss auf deine Gedankenwelt. Sie beeinflussen die Art und Weise, wie du die Welt wahrnimmst, aber auch dein Selbstvertrauen.

Gerade wenn du vorhast, zu manifestieren, und deine Glaubenssätze eher negativ konnotiert sind, kann dies hinderlich sein. Positive Glaubenssätze hingegen würden dir im Kontext der Manifestation die nötige Unterstützung innerhalb des Prozesses der Manifestation bieten.

Auf den Punkt gebracht: Die Macht deiner Gedanken ist unermesslich. Alles beginnt mit ihnen. Dies gilt sowohl für die bewussten als auch für die unbewussten Gedanken.

Dein Unterbewusstsein geht demnach mit der Manifestation Hand in Hand. Begründet liegt dies in der Tatsache, dass das Unterbewusstsein alles abspeichert, was du im Verlauf deines Lebens erlebt hast.

Im Prozess der Manifestation ist das Unterbewusstsein aus verschiedenen Gründen ein wichtiger Bestandteil. Zum einen reagiert es stark auf das, was du dir in Form von Bildern ins Gedächtnis rufen kannst, zum anderen ist es sensibel für Emotionen.

In der Praxis bedeutet dies: Beschäftigst du dich intensiv und regelmäßig mit deinen Zielen und rufst dir diese in visueller Form in dein Bewusstsein, wird dies dazu führen, dass sich ebendiese Ziele auch in deinem Unterbewusstsein verankern. Du kannst dein Unterbewusstsein demnach dazu anregen, dass es deine Handlungen unterstützt und dich näher zu deinen Zielen bringt.

Gleiches gilt für Emotionen, die du dir bewusst machst. Verknüpfst du mit deinen Zielen in der Folge positive Emotionen, kannst du die Signale, die durch diese Technik an dein Unter-bewusstsein gesendet werden, weiter verstärken.

Nicht zuletzt formt das Unterbewusstsein unser Selbstbild. Hierzu zählt auch das Selbstwertgefühl. Gerade bei der Erreichung bestimmter Ziele kann ein positives Selbstbild ein wichtiger Unterstützer im Prozess des Manifestierens sein. Menschen, die sich in ihrer Haut wohlfühlen, werden eher dazu neigen, ihre eigenen Ziele zu erreichen, als Menschen, die sich als wertlos und unfähig erachten. Letzteres ist innerhalb des Manifestations-prozesses daher eher hinderlich.

Aufgrund des Einflusses, den dein Unterbewusstsein auf das Manifestieren hat, ist es wichtig, dass du lernst, hinderliche Bausteine, die sich in deinem Unterbewusstsein in Form von negativen Glaubenssätzen befinden, aus dem Weg zu räumen. Wie das gelingt, erfährst du im weiteren Verlauf dieses Ratgebers.

6.2 Gezielte Programmierung des Unterbewusstseins für bessere Manifestationen

Um das Unterbewusstsein gezielt und aktiv zu beeinflussen und damit den Prozess der Manifestation voranzutreiben, kannst du dein Unterbewusstsein gezielt programmieren. Einige Methoden, mit denen dir das im Alltag gelingt, hast du im Verlauf dieses Buches bereits kennengelernt. Zu diesen gehören:

* Affirmationen und
* Visualisierungen.

Diese Methoden helfen dir dabei, dein Unterbewusstsein positiv zu programmieren. Darüber hinaus gibt es jedoch weitere Techniken, die dich hierbei unterstützen können. Besonders zu nennen sind hierbei Methoden wie

* die Meditation,
* das positive Selbstgespräch sowie
* regelmäßige Selbstflexion und Achtsamkeit.

Meditation

Mit dem Begriff der Meditation wird eine Technik beschrieben, die bereits auf eine lange Tradition in unterschiedlichen kulturellen Kontexten zurückblickt. Bei der Durchführung zielt die Methode darauf ab, den Geist zur Ruhe zu bringen, die Konzentrationsfähigkeiten weiter auszubilden und einen Zustand von Entspannung zu erreichen. In vielen Kulturen wird die Meditation bereits seit vielen Jahrhunderten praktiziert.

Hierbei geht es um die Lenkung der Aufmerksamkeit und das Fokussieren auf das Hier und Jetzt. In diesem Prozess soll sich der Körper von ablenkenden und negativen Gedanken befreien. Kognitiv soll dieses Vorgehen einen Zustand von mentaler Klarheit, eine erhöhte Bewusstheit sowie mehr Gelassenheit erzeugen.

Die Meditation an sich kann dabei in unterschiedlichen Formen verlaufen. Die Bandbreite reicht von Achtsamkeitsmeditationen und transzendentalen Meditationen über Zen-Meditationen bis hin zu geführten Meditationen. Wie du bereits sehen kannst: Die Bandbreite ist groß und die hier benannten Formen der Meditationen stellen nur einen Teil deiner Möglichkeiten in diesem Bereich dar.

Führst du Meditationen regelmäßig durch, kann dies einen positiven Einfluss auf dein emotionales, mentales und in einigen Fällen auch physisches Wohlbefinden haben. Du baust Stress ab, verbesserst deine Konzentrationsfähigkeit und förderst deine Kreativität. Auch verbesserst du die Glaubenssätze innerhalb deines Unterbewusstseins, wodurch das Manifestieren in seiner Wirkung verbessert werden kann.

Anleitung für eine Meditation

* Suche dir einen Raum, an dem du ungestört bist. Dann setzt du dich bequem hin und schaltest alle Ablenkungen, wie beispielsweise das Smartphone oder den Fernseher, ab.

* Dann gehst du dazu über, einige tiefe Atemzüge zu nehmen. Diese sollen deinen Geist beruhigen und dich auf die anschließende Meditation vorbereiten. Schließe nun deine Augen und versuche, die Anspannung in deinem Körper loszulassen. Atme dabei bewusst und konzentriere dich auf die Bewegungen, die deine Atmung in deinem Körper verursacht.

* Im nächsten Schritt konzentrierst du dich auf das, was du im Rahmen der Manifestation anziehen möchtest. Versuche dabei, ein detailliertes Bild in deinem Kopf zu erzeugen, das dir ein Gefühl dafür gibt, wie du dich in dieser Situation fühlen und was du empfinden würdest.

* Anschließend entscheidest du dich für Affirmationen, die zu diesem Bild passen und es inhaltlich unterstützen. Nun erzeugst du in dir ein tiefes Gefühl der Dankbarkeit für dieses Bild. Fokussiere deine Energie darauf, wie sich die Situation für dich anfühlen würde, wäre sie bereits umgesetzt.

* Nun atmest du noch einige Male tief ein und aus, bevor du langsam wieder die Augen öffnest und aus der Meditation zurückkehrst. Dabei beendest du die Meditation, indem du nochmals deine Dankbarkeit für die Geschehnisse im Verlauf der Meditation ausdrückst.

Zusatzinfo:

> *Metaanalysen zur Meditation und ihrer Wirkung haben gezeigt, dass sich regelmäßiges Meditieren nicht nur auf die eigenen Emotionen positiv auswirken kann, sondern auch auf den kognitiven Bereich, hier vor allem Lernen, Aufmerksamkeit und Gedächtnis. Auch zwischenmenschliche Beziehungen konnten nachweislich verbessert werden.*

Das positive Selbstgespräch

Das positive Selbstgespräch beschreibt die Art und Weise, wie wir mit uns selbst kommunizieren. Bei dieser Technik geht es um die Informationen, die wir unserem Geist zukommen lassen, und die Art und Weise, wie wir mit unseren Gedanken und Überzeugungen umgehen. Ein positives Selbstgespräch kann dabei deine Motivation, aber auch dein Selbstwertgefühl verbessern. Bei der Durchführung helfen dir positive Selbstgespräche daher dabei, deine Aufmerksamkeit auf relevante Aufgaben zu richten und diese voller Motivation zu erledigen.

Inhaltlich setzt sich das positive Selbstgespräch aus unterschiedlichen Bestandteilen zusammen:

- *positive Affirmationen,*
- *Selbstmotivation,*
- *Selbstakzeptanz,*
- *Optimismus.*

Positive Sätze und Überzeugungen (positive Affirmationen) können den Selbstwert in Form von positiven Affirmationen nachhaltig steigern. Zudem stärken sie dein Selbstwertgefühl und ermutigen dich, weiter an der Erreichung deiner Ziele zu arbeiten.

Beispiel:

 „Ich bin in der Lage, meine Ziele auf der Basis meiner Kompetenzen zu erreichen."

Die Ermutigung deiner eigenen Person (Selbstmotivation) unterstützt zusätzlich die Erreichung der von dir gesetzten Ziele. Auch kann dies dazu beitragen, Hindernisse zu überwinden. Hier ist es vor allem wichtig, dass du dir bewusst machst, dass deine Kompetenzen und Fähigkeiten ausreichen, um deine Herausforderungen zu bewältigen.

Beispiel:

 „Ich habe bereits vieles geschafft. Auch diese Herausforderung kann ich bewältigen und eine Lösung für das Problem finden."

Im Kontext der Selbstakzeptanz geht es darum, dass du dich selbst so annimmst, wie du bist. Hierbei steht das Verständnis für die eigenen Stärken und Schwächen im Vordergrund. Hast du dich früher beispielsweise stark selbst kritisiert, ist es wichtig, dass du dir im Sinne des positiven Selbstgespräches bewusst machst, dass niemand perfekt ist. Langfristig wird dies dazu beitragen, dass du mehr Selbstliebe kultivierst.

Beispiel:

 „Es ist in Ordnung, wenn ich bei allem, was ich tue, Fehler mache. Aus Fehlern erwächst die Gelegenheit, zu lernen, und ich kann mich weiterentwickeln."

Nicht zuletzt gilt Optimismus als ein Bestandteil des positiven Selbstgesprächs. Hier geht es darum, dass du deinen Fokus nicht länger auf das Negative, sondern auf das Positive legst. Die innere Haltung sollte ebenso optimistisch sein wie die eigenen Sichtweisen auf Herausforderungen oder Situationen. Auch der Glaube an deine eigenen Kompetenzen ist hier ein wichtiger Bestandteil, der nicht außer Acht gelassen werden sollte.

Beispiel:

 „Auch wenn die Situation herausfordernd ist, sehe ich sie als Möglichkeit, daran zu wachsen und Neues zu lernen. Ich bin sicher, dass ich positive Ergebnisse erzielen kann. "

Regelmäßige Selbstreflexion und Achtsamkeit

Mithilfe einer geschulten Selbstreflexion sowie dem Praktizieren von Achtsamkeit wird es dir im Alltag gelingen, Türen zu deinem Innersten zu öffnen und für dich selbst Empathie und Mitgefühl zu empfinden. Achtsamkeit und Selbstreflexion sind daher für deine eigene Weiterentwicklung wichtige Bestandteile.

Sie beeinflussen nicht nur deine Denkweise, sondern auch dein Handeln und wirken in Bezug auf deine Mitmenschen. Vor allem die Selbstreflexion hilft dir dabei, zu erkennen, welche Ziele und Wünsche du im Leben hast, was dich antreibt und wie du dir dein Leben für dich vorstellst.

Darüber hinaus tragen Achtsamkeit und Selbstreflexion dazu bei, dass du lernst, mit Krisen und Konflikten im Alltag besser umzugehen und an ihnen zu wachsen. Die Reflexion des eigenen Selbst sowie das Praktizieren von Achtsamkeit sind daher nichts anderes als eine unabdingbare Form der „Psychohygiene". Diese Psychohygiene tut vor allem deiner mentalen Gesundheit gut und führt langfristig dazu, dass du Schwierigkeiten schon früh erkennen kannst. In der Folge hast du die Gelegenheit, weniger emotional auf selbige zu reagieren und dich der Situation auf einer sachlichen Ebene zu nähern.

Auch für die Selbstreflexion und das Praktizieren von Achtsamkeit kannst du das Selbstgespräch nutzen. Dieses kann dir dabei helfen, dir selbst ein Feedback zu bestimmten Situationen zu geben und dich mit diesen auseinanderzusetzen.

Selbstreflexion und Achtsamkeit sind daher nicht nur für deine persönliche Weiterentwicklung wichtig, sondern tragen auch dazu bei, dass du mental gesund bleibst. Zudem unterstützen sie dich bei der Manifestation im Hinblick auf die Identifikation von Zielen.

6.3 Unterbewusstseinsblockaden erkennen und lösen

Blockaden des Unterbewusstseins sind Hürden, die wir im Verlauf unseres Lebens auf der Basis von Ängsten und Selbstzweifeln aufbauen. Sie halten uns davon ab, dass wir an den Themen, die wir im Leben haben, arbeiten. Kognitiv lösen Unterbewusstseinsblockaden in uns negative Gefühle aus. Dies kann neben Nervosität auch Angst sein.

Sind die Blockaden stark ausgeprägt, können sich diese negativen Gefühle auch in körperlichen Symptomen zeigen. Wir beginnen, zu schwitzen, und verfallen in Angstspiralen, die uns davon abhalten, zu handeln. Die Folge sind häufig Versagensängste, Ängste vor der Zukunft, Vermeidungsverhalten oder sogar Selbstsabotage. Diese Faktoren wendet unser Unterbewusstsein in diesen Fällen an, um sich zu schützen. Sie sollen dich von Themen abhalten, die dir schon immer Angst gemacht haben.

Wie du bereits gelernt hast, ist die Selbstreflexion in diesem Kontext einer von vielen Mechanismen, die uns in dieser Situation helfen können. Wendest du sie an, gehst du in die direkte Arbeit mit deinem Unterbewusstsein und arbeitest daran, alte Ängste aufzulösen und dich von ihnen zu befreien.

Die Ursachen für die Blockaden deines Unterbewusstseins können dabei unterschiedlich ausgeprägt sein. Ein wichtiger Aspekt ist dabei die kindliche Prägung. Vor allem in unserer Kindheit werden uns bestimmte Glaubenssätze auferlegt, die uns für das ganze Leben prägen.

Beispiel:

> *Wurde einem Menschen im Verlauf seiner Kindheit in regelmäßigen Abschnitten das Gefühl vermittelt, dass er stört, wird sich ebendieser Mensch auch im späteren Verlauf seines Lebens überflüssig und ungewollt fühlen. Vor sozialen Kontakten wird er in den meisten Fällen dann eher zurückschrecken.*

Solche und ähnliche verdrängte Gefühle und Erfahrungen können im Verlauf eines Lebens tief erschütternd sein und sich tief im Unterbewusstsein festsetzen. Auch der Verlust eines nahestehenden Menschen kann Schmerz auslösen und seelische Belastungen hervorrufen.

Innere Blockaden führen dazu, dass du dein Leben nicht selbstbestimmt und frei gestalten kannst. Trittst du im Leben dann Blockaden und herausfordernden Situationen gegenüber, wird dich das dazu veranlassen, in solchen Situationen eher vermeidendes Verhalten an den Tag zu legen, weil du eine innere Angst verspüren wirst, an ebendiesen Situationen zu scheitern.

Damit du diese Unterbewusstseinsblockaden auflösen kannst, ist es wichtig, dass du die Erinnerungen und Emotionen an traumatische Ereignisse der Vergangenheit durchlebst und auf diese Weise Blockaden auflöst. Zunächst ist es hierzu wichtig, dass du herausfindest, ob auf körperlicher oder seelischer Ebene Blockaden im Bereich deiner Lebensgestaltung vorliegen. Hierzu kannst du den nachfolgenden Selbsttest erledigen:

Selbsttest – Innere Blockaden erkennen

Anweisung:

Lies dir die nachfolgenden Fragen genau durch und beantworte sie ehrlich mit Ja oder Nein.

1. Leidest du in stressigen Situationen an Verspannungen und Beschwerden deiner Wirbelsäule sowie des Rückens?

2. Fühlst du dich in vielen Situationen traurig oder niedergeschlagen? Weißt du oft nicht, warum du dich so fühlst?

3. Gibt es Situationen, in denen du wenig oder keine Freude empfindest, obwohl dir die jeweiligen Situationen in der Regel Freude bereiten?

4. Leidest du unter Stress an Beschwerden des Magen-Darm-Traktes?

5. Grübelst du im Alltag häufig? Belasten dich Sorgen und Ängste?

6. Kannst du deine Ziele leicht verfolgen?

7. Lässt du dich leicht reizen und bist sensibel im Umgang mit deinen Mitmenschen sowie mit dir entgegengebrachter Kritik?

8. Leidest du unter Verlustängsten oder anderen Ängsten und reagierst in diesen Situationen mit körperlichen Signalen wie Zittern, Schwitzen oder Übelkeit?

9. Kriegst du leicht Kopfschmerzen?

---

10. Leidest du unter Schlafproblemen und bist häufig müde?

---

11. Fühlst du dich antriebslos? Möchtest du gerne aktiver sein?

---

12. Fühlt es sich an, als würden alle Pläne, die du angehst, meist scheitern?

---

13. Sind die Konflikte, die du in zwischenmenschlichen Beziehungen durchlebst, immer von einem bestimmten Muster geprägt?

---

14. Hast du oft das Gefühl, nicht genug zu sein?

Auswertung:

Reflektiere ehrlich, wie oft du die Fragen mit Ja beantwortet hast. Je häufiger du ein Ja verwendet hast, desto wahrscheinlicher ist es, dass du mentale Blockaden in deinem Unterbewusstsein trägst. Im Anschluss ist es nun wichtig, dass du ebendiese Blockaden analysierst und sie für dich auflöst, damit sie dich nicht länger beeinflussen.

Um die bereits erkannten Blockaden aufzulösen, hast du verschiedene Möglichkeiten. Einige der Möglichkeiten hast du im Verlauf des Ratgebers bereits kennengelernt. Diese werden daher an dieser Stelle nur noch aufgeführt, aber nicht weiter erläutert:

- *Selbstreflexion*
- *Bildung von positiven Glaubenssätzen*
- *Austausch mit anderen*
- *Schreiben eines Tagebuches*
- *Den Kopf frei kriegen*
- *Auf den eigenen Körper hören*
- *Die eigene Komfortzone verlassen*
- *Alte Verhaltensmuster auflösen*
- *Hilfe in Anspruch nehmen*
- *Entspannungsroutinen durchführen*

Möglichkeit 1: Austausch mit anderen

Im Alltag kann der Austausch mit anderen dazu beitragen, dass du dich mit deinen Ängsten und Unsicherheiten nicht mehr alleine fühlst. Zudem haben du und dein Gesprächspartner die Möglichkeit, sich gegenseitig zu unterstützen und bei der Auflösung von Blockaden aktiv zu werden. Darüber hinaus hast du im Austausch die Möglichkeit, dich aktiv mit deinen Blockaden zu befassen und neue Gedanken diesbezüglich zu generieren. Vor allem im Austausch kommst du häufig zu Erkenntnissen, die dir im Selbstgespräch eher verborgen geblieben wären.

Möglichkeit 2: Schreiben eines Tagebuches

Das Schreiben von Tagebüchern wird in vielen Lebenslagen als probates Mittel verwendet, um sich mit den eigenen Gedanken zu befassen. Auch bei der Auflösung von inneren Blockaden kann es hilfreich sein, Tagebuch zu schreiben. Auf diese Weise kannst du das Erlebte und auch deine Emotionen in bestimmten Situationen besser verarbeiten und im besten Fall neue Erkenntnisse über dich selbst sammeln. Auch kannst du jederzeit nachlesen, wie du dich in einer bestimmten Situation gefühlt hast, und Veränderungen feststellen, wenn du das nächste Mal in eine ähnliche Situation gerätst.

Darüber hinaus kannst du dein Tagebuch natürlich auch nutzen, um dich selbst zu bestärken, dir Mut zu machen und neue Pläne für die Zukunft zu schmieden. Das hilft dir dabei, die Dinge aus einer neuen Perspektive zu betrachten. Daneben ist dein Tagebuch aber auch ein Ventil für aufkommende Emotionen.

Möglichkeit 3: Den Kopf frei kriegen

Im Stress des Alltags ist es wichtig, dass du dir regelmäßig kleine Auszeiten nimmst. Es ist nicht nötig, dass du dich dauerhaft mit deinen inneren Blockaden auseinandersetzt. Manchmal ist es auch ausreichend, wenn du einfach versuchst, den Kopf auszuschalten und dich zu entspannen. Was dir Entspannung verschafft, spielt dabei keine Rolle. Es ist ganz gleich, ob es das Treffen mit Freunden, die Beschäftigung mit dem eigenen Hobby oder eine schöne Unternehmung ist – alles, was guttut, ist erlaubt und hilft dir indirekt dabei, deine inneren Blockaden zu überwinden.

Möglichkeit 4: Auf den eigenen Körper hören

Der Körper ist das Spiegelbild der Seele, so sagt man. Das gilt auch für dich. Viele deiner inneren Blockaden können sich auch körperlich ausdrücken. Besonders gängig sind dabei körperliche Beschwerden wir Verspannungen, Kopfschmerzen, Magenschmerzen oder eine innere Unruhe und Unwohlsein. Lernst du, deinen Körper aufmerksam zu lesen, kann dies dazu beitragen, dass du deine eigenen Blockaden bewusster wahrnehmen kannst. Hier kann beispielsweise ein sogenannter Körperscan hilfreich sein.

Anleitung

1. Platziere dich bequem auf einem Stuhl und versuche, dich ausschließlich auf deinen Körper zu konzentrieren. Stelle dir die Frage, wo du Verspannungen verspürst.

2. Im nächsten Schritt gehst du dazu über, in ebendiese Verspannung hineinzuspüren und hineinzuatmen. Wenn du deine Verspannung erreichen kannst, kannst du auch versuchen, sie leicht zu massieren.

Tipp:

Bei dieser Übung bist du am besten darauf vorbereitet, dass das Vorgehen bei dir bestimmte (auch negative) Emotionen bei dir auslösen kann. In diesem Moment ist es wichtig, dass du die aufkommenden Emotionen annimmst und ihnen keine Bewertung zumisst. Das Durchleben hilft dir dabei, dich von inneren Blockaden wie negativen Empfindungen komplett zu befreien.

Hinweis:

Die Übung kannst du so lange durchführen, bist du eine Linderung verspürst, beziehungsweise so lange, wie dir die Übung angenehm ist.

Möglichkeit 5: Die eigene Komfortzone verlassen

Die größte Herausforderung beim Auflösen von Blockaden kann der besagte Sprung ins kalte Wasser sein. Das Verlassen der eigenen Komfortzone erfordert dabei in aller Regel ein großes Maß an Mut. Es bedeutet nämlich, dass du Dinge tust, die dir eigentlich Angst bereiten und dir ein Gefühl von Unsicherheit vermitteln.

In diesen Momenten solltest du dir klar vor Augen führen, dass die Vermeidung der jeweiligen Situationen nicht zu einer Besserung beiträgt.

Mit der Erfahrung, dass du deine Ängste und Unsicherheiten überwinden konntest, wird dein Unterbewusstsein im Umkehrschluss automatisch ein positives Gefühl für diese Situationen abspeichern und du wirst zukünftig solche Situationen leichter meistern können.

Möglichkeit 6: Alte Verhaltensmuster auflösen

Im Alltag solltest du dir immer einmal wieder Zeit nehmen, um über dich selbst nachzudenken. Frage dich hierzu beispielsweise, welche Blockaden in deinem Unterbewusstsein dich in deinem

Unterbewusstsein dich in deinem Handeln beschränken und welche negativen Emotionen in dir eine Form der Vermeidung auslösen und warum.

Im nächsten Schritt fragst du dich, was sich verändern würde, wenn du es schaffen würdest, ebendiese Blockaden loszulassen und deine Ängste zu überwinden. In diesem Kontext solltest du die Frage auch auf deine innersten Träume und Wünsche beziehen.

Diese Ziele kannst du dir durch Aufschreiben noch einmal mehr ins Gedächtnis rufen. In einem letzten Schritt formulierst du deine Glaubenssätze in positive Glaubenssätze um und überlegst für dich, wie dein Leben aussehen könnte, wenn du diesen positiven Glaubenssätzen folgen würdest.

Tipp:

 Hier kann auch die Anfertigung eines Vision Boards hilfreich sein. Dazu erfährst du im weiteren Verlauf des Ratgebers mehr.

Möglichkeit 7: Hilfe in Anspruch nehmen

Nicht immer können wir uns selbst dabei helfen, unsere Glaubenssätze aufzulösen. Das liegt vor allem daran, dass manche Blockaden in unserem Unterbewusstsein sehr tief verankert sein können. Vor allem dann, wenn die Ursache in traumatischen Erlebnissen steckt, kann es daher für dich wichtig sein, dass du dich nicht davor scheust, professionelle Hilfe in Anspruch zu nehmen.

Möglichkeit 8: Hilfe in Anspruch nehmen

Damit dein Unterbewusstsein sich von Zeit zu Zeit entspannen kann, ist es für dich hilfreich, wenn du Entspannungsroutinen in deinen Alltag integrierst. Das sorgt dafür, dass sich sowohl dein Körper als auch dein Geist entspannen können. Langfristig wird dir dieses Vorgehen dabei helfen, die Blockaden deines Unterbewusstseins aufzulösen.

Besonders geeignet sind hierzu die nachfolgenden Techniken:

- *Yoga*
- *Meditation*
- *Autogenes Training*
- *Progressive Muskelentspannung*
- *Achtsamkeitsübungen*
- *usw.*

Das Gesetz der Anziehung

Die Manifestation und das Gesetz der Anziehung sind eng miteinander verbunden. Beide Konzepte beziehen sich auf die Vorstellungskraft und die Fähigkeit, durch das Konzentrieren auf bestimmte Zusammenhänge die eigene Realität bewusst zu formen.

Das Gesetz der Anziehung beschreibt die Kraft, die ähnliche Energiestrukturen anzieht. Hierbei kann die Manifestation genutzt werden, um ebendiese Energien zu lenken. Formulierst du im Rahmen von Manifestation und dem Gesetz der Anziehung klare Absichten und visualisierst bestimmte Zielvorstellungen, kannst du deine mentalen Fähigkeiten einsetzen, um dir bestimmte Ziele und Wünsche in dein eigenes Leben zu manifestieren.

Wie die beiden Konzepte zusammenhängen und welche Grundlagen hierbei eine Rolle spielen, erfährst du im Rahmen der nachfolgenden Kapitel.

7.1 Grundlagen des Gesetzes der Anziehung

Wissenschaftlich betrachtet besagt das Gesetz der Anziehung nichts anderes, als dass du im Leben das anziehst, worauf du deine Aufmerksamkeit richtest. Hierzu eine kurze Definition sowie ein vertiefendes Beispiel zur Verdeutlichung:

Definition: Gesetz der Anziehung

* Das Gesetz der Anziehung (law of attraction) geht davon aus, dass Gleiches Gleiches anzieht. Es gehört zu den sogenannten sieben universellen Gesetzen:

  - *1. Das Gesetz der Geistigkeit*
  - *2. Das Gesetz der Entsprechung*
  - *3. Das Gesetz der Anziehung*
  - *4. Das Gesetz der Polarität*
  - *5. Das Gesetz des Rhythmus*
  - *6. Das Gesetz von Ursache und Wirkung*
  - *7. Das Gesetz des Geschlechts*

Im Sinne des Gesetzes der Anziehung bestimmen deine Gedanken und Gefühle deine Lebensbedingungen, also auch die Art und Weise, wie du deinen Mitmenschen gegenübertrittst. Im übertragenen Sinne bedeutet dies, dass Veränderungen in deinem Innersten, also beispielsweise deinen Gedanken, zu Veränderungen in deiner Außenwelt führen.

Beispiel:

Erinnere dich daran, was passiert, wenn du auf der Straße einem Fremden zulächelst. In aller Regel wird er zurücklächeln und dies wird in dir ein wohliges Gefühl erzeugen.

Gleichzeitig wirst du an einem schlechten Tag sicher auch schon festgestellt haben, dass dein Umfeld darauf aus zu sein scheint, dir deinen Tag noch schlechter zu machen.

Auch in diesen beiden Situationen wirkt das Gesetz der Anziehung.

Auch wenn es bisher noch keinen wissenschaftlichen Nachweis zu dieser Gesetzmäßigkeit gibt, wird es von Menschen bereits seit Jahrtausenden angewendet. So wusste bereits Sokrates (469 v. Chr. bis 399 v. Chr.), dass der Mensch sich nicht auf das Negative konzentrieren sollte. Vielmehr sollte er im Verlauf seines Lebens den Fokus auf das legen, was Neues erschafft, statt sich mit dem Alten zu beschäftigen.

Inhaltlich geht das Gesetz auf das Ende des 19. Jahrhunderts zurück, wo es nachweislich in okkultistischen Kreisen (Okkultismus = Lehre von geheimen und verborgenen Dingen) Anwendung fand. In diesem Kontext wurde das Gesetz der Anziehung zum festen Bestandteil esoterischer Philosophien und Praktiken.

Hier geht das Gesetz der Resonanz, wie das Gesetz der Anziehung häufig auch synonym genannt wird, davon aus, dass du in der Lage bist, mit deinen Gedanken aktiv dein Umfeld zu gestalten, das du für dein Leben anziehen möchtest. Auf diese Weise gelingt es dir im Sinne des Gesetzes der Resonanz, deine eigene Zukunft zu gestalten. Jeder Mensch ist demnach in der Lage, mit seiner Energie Schwingungen zu erzeugen, die Schwingungen in ähnlicher Frequenz anziehen.

Das Manifestieren zeigt hier auf, wie eng Gedanken und Emotionen miteinander verknüpft sind und dass diese die Realität und die daran interagierenden Handlungen maßgeblich beeinflussen kann. Die Realität wird auf diese Weise zum Spiegel der eigenen Gedanken und Emotionen.

7.2 Wie das Gesetz der Anziehung in verschiedenen Lebensbereichen funktioniert

Viele Menschen haben in Bezug auf das Manifestieren häufig den Eindruck, dass die von ihnen manifestierten Dinge oder Situationen einfach nicht eintreten wollen. Nicht selten kommt es dann vor, dass die Betreffenden sich einreden, das Universum würde gerade eine Pause von seinen Gesetzmäßigkeiten machen. Diese Annahme ist jedoch schlichtweg falsch.

Das Gesetz der Anziehung ist zu jeder Tageszeit zugegen. Es zählt zu den Naturgewalten, die sich nicht verändern und erst recht nicht austricksen lassen. Es spielt daher keine Rolle, ob du im Einklang mit dem Gesetz der Anziehung agierst oder nicht, es beeinflusst dein Leben zu jeder Zeit.

Für die Praxis bedeutet dies, dass das Gesetz der Anziehung nach dem Prinzip der Analogie funktioniert.

Definition: *Prinzip der Analogie*

* Das Prinzip der Analogie stammt aus dem Griechischen und bedeutet so viel wie „Entsprechung", „Ähnlichkeit" oder „gleiches Verhältnis".
Der Begriff der Analogie und damit auch das Prinzip der Analogie finden in unterschiedlichen Wissenschaftsbereichen eine Rolle. Auch die Philosophie bedient sich dieses Prinzips.

  Historisch geht das Prinzip auf berühmte Philosophen wie Platon (428 / 427 v. Chr. bis 348 / 347 v. Chr.) und Aristoteles (384 v. Chr. bis 322 v. Chr.) zurück.
  Das Prinzip der Analogie an sich bezieht sich auf die Art und Weise, wie wir Ähnlichkeiten zwischen Dingen erkennen und aus diesen Schlussfolgerungen ableiten.

Der Ausgangspunkt der Wirkweise des Gesetzes der Anziehung ist daher deine innere Einstellung. Diese wirkt sich in deinem Alltag nämlich auf deine äußere Umwelt aus und beeinflusst damit das, was du anziehst.

Aus historischer Sicht geht das Gesetz der Anziehung weit über 100 Jahre in die Vergangenheit zurück.

In deinem Alltag kann das Gesetz der Anziehung in unterschiedlichen Lebensbereichen funktionieren. Zu diesen zählen:

- *Liebe und Beziehungen*
- *Karriere und Erfolg*
- *Gesundheit und Wohlbefinden*
- *Finanzen und Wohlstand*
- *spirituelle / persönliche Entwicklung*

Liebe und Beziehungen

Wie du dir sicherlich schon denken kannst, spielt das Gesetz der Anziehung auch im Kontext von Liebe und Beziehungen eine entscheidende Rolle. Das Aussenden positiver Emotionen und Energien sorgt dabei dafür, dass du Energien anziehst, die denen deiner Energien gleichen.

Wünschst du dir bei einem zukünftigen Partner beispielsweise bestimmte Eigenschaften, kann dich das Gesetz der Anziehung dabei unterstützen, eine Realität zu schaffen, in der ein Partner mit diesen Eigenschaften existiert.

Karriere und Erfolg

In den Bereichen Karriere und Erfolg kann dir das Gesetz der Anziehung dabei behilflich sein, deine beruflichen Ziele leichter zu erreichen. Auch das Anziehen von beruflichem Erfolg ist mit dem Gesetz der Anziehung möglich.

Hierzu solltest du dich beispielsweise auf positive Gedanken fokussieren und dein berufliches Fortkommen und Wachstum visualisieren, um deine Energien zu aktivieren und genau das anzuziehen. Dies kann dir helfen, Möglichkeiten und Chancen anzuziehen, die zu deinen konkreten Vorstellungen passen.

Gesundheit und Wohlbefinden

Auch die Gesundheit und das Wohlbefinden können vom Gesetz der Anziehung betroffen sein. Konzentrierst du dich beispielsweise auf deine Gesundheit und dein allgemeines Wohlbefinden und sorgst dafür, dass es dir gutgeht, kann dies dazu führen, dass du einen gesünderen Lebensstil entwickelst, der dein Wohlbefinden weiter steigert. Diesen Faktor kannst du dir im Alltag auch zunutze machen, wenn du von einer Krankheit genesen möchtest.

Finanzen und Wohlstand

Unter dem Aspekt der Finanzen unterstützt das Gesetz der Anziehung dich dabei, Wohlstand in dein Leben zu ziehen. Die Konzentration auf deine finanziellen Ziele und das Entwickeln eines positiven Verhältnisses zu Geld können dir dann dabei behilflich sein, finanzielle Chancen vollständig auszunutzen und dich zu Wohlstand zu führen.

Spirituelle und persönliche Entwicklung

Auch in den Bereichen spirituelle und persönliche Entwicklung kannst du das Gesetz der Anziehung anwenden. Es kann dir hier vor allem bei deinem persönlichen Wachstum helfen.

Hierzu kannst du dich beispielsweise vollständig auf dein Bewusstsein konzentrieren, achtsam sein und positive Energien durch eine innere Ausgeglichenheit erzeugen. Auf diese Weise wirst du lernen, dich selbst besser zu verstehen und ein tieferes Verständnis für die Energien zu entwickeln, die uns umgeben.

Wie die Auflistung zeigt, durchdringt das Gesetz der Anziehung jeden deiner Lebensbereiche, umso wichtiger ist es also, dass du dir seiner Macht bewusstwirst und diese für dich nutzt. Auf diese Weise kannst du deine Realität nicht nur bewusster, sondern auch achtsamer gestalten.

7.3 Praktische Anwendungen und Umsetzung im Alltag

Um das Gesetz der Anziehung im Alltag für dich zu nutzen, ist es wichtig, dass du ein paar Faktoren berücksichtigst. Hierzu gehört, dass du eine positive innere Einstellung verfolgst. Außerdem wichtig:

* Identifiziere deine eigenen Gefühle und Gedanken und schaffe ein Bewusstsein für Veränderung. Hierzu kannst du dir beispielsweise die Frage stellen, was wirklich in der Realität stattfindet und was nur ein Ergebnis der Bewertung deiner Realität ist. Dabei kann es auch wichtig sein, dass du erkennst, warum du bestimmte Gefühle durchläufst, warum du spezifische Gedanken hast und woher diese kommen. Auch die Identifikation der Glaubenssätze hinter diesen Gedanken ist in diesem Schritt wichtig.

* Darüber hinaus ist es wichtig, dass du deiner Gefühlswelt den Raum gibst, den sie benötigt. Das bedeutet auch, bewusster zu handeln. Akzeptanz und Verständnis für die eigenen Gefühle sind hierbei wichtige Bestandteile, um authentisch handeln zu können.

* Verändere dein Vokabular. Auch wenn das auf den ersten Blick überflüssig erscheinen mag, so ist es doch wichtig, auf welche Weise wir innere Gespräche führen. Nutzen wir ein positives Vokabular, wird dies auch positivere Gedanken verursachen.

Beispiel:

 Ich muss noch XY erledigen.
vs.
Ich kann / sollte noch XY erledigen.

Auf diese Weise kannst du destruktive Glaubenssätze leicht verändern und deine Einstellung positiver gestalten.

* Sieh im Alltag Herausforderung als Chance. Herausfordernde Situationen werden uns immer begegnen. Hierbei solltest du deinen Fokus jedoch auf das Positive lenken. Bleibe auch, wenn etwas schiefläuft, im Inneren entspannt und lass dich von äußeren Umständen nicht aus der Ruhe bringen.

* Versuche, dich auf deine Wünsche und Ziele zu konzentrieren. Konzentriere dich nicht auf einen Mangel, sondern auf das, was du bereits hast, und das, was du benötigst, um deine Ziele zu erreichen. Arbeite dann auf deine Wünsche hin.

* Sei im Alltag im Allgemeinen positiver. Lass deine Gefühlswelt nicht von äußeren Reizen aus dem Gleichgewicht bringen. Sei im Einklang mit dir selbst.

Hindernisse und Block-aden überwinden

Beschreitest du den Weg der Manifestation, bedeutet dies in aller Regel auch, dass du auf diesem Weg einige Blockaden und Hindernisse überwinden musst, wenn du deine Träume und Ziele erreichen möchtest. Einige dieser Blockaden werden dich massiv herausfordern und können manchmal auch dazu beitragen, dass du die Kraft der Manifestation vollumfänglich entfalten kannst.

Im Rahmen dieses Kapitels wirst du daher erfahren, wie du Hindernisse im Verlauf der Manifestation erkennst, wie du Blockaden eliminieren und Selbstsabotage vermeiden kannst.

8.1 Die häufigsten Hindernisse beim Manifestieren erkennen

Jeder von uns verfügt über eine Vielzahl negativer Geschichten und Überzeugungen, die wir im Verlauf unseres Lebens sammeln. Diese verankern sich in aller Regel tief im Unterbewusstsein. Dort verweilen sie zunächst nur latent. Auch wenn du diese Blockaden gar nicht mehr präsent hast, kann es vorkommen, dass sie durch einen spezifischen Auslöser (Trigger) aktiviert werden und du im Anschluss spezifische Emotionen verspürst, die du auch in einer deiner Erfahrungen bereits verspürt hast.

Definition: Trigger

* Der Begriff des Triggers geht auf die Fachdisziplinen der Medizin und Psychologie zurück. Er beschreibt einen Auslöser für einen bestimmten Vorgang, der einen spezifischen Affekt oder eine Emotion auslösen kann.

Im Prozess der Manifestation kann das Erreichen deiner Ziele durch bestimmte Hindernisse blockiert werden. Damit du diese Hindernisse überwinden kannst, ist es zunächst wichtig, dass du sie dir in dein Bewusstsein rufst.

Auf dem Weg zu Manifestation sind dabei bestimmte Hindernisse besonders häufig. Zu diesen gehören die folgenden:

* ***Selbstzweifel und negative Glaubenssätze***
Überzeugungen, die tief in uns verwurzelt sind, können in uns Zweifel an unserer eigenen Person auslösen. Diese Zweifel beeinträchtigen die Funktionsweise der Manifestation massiv und sollten daher aufgelöst werden.

* ***fehlende emotionale Ausrichtung***
Wenn du mit deinen eigenen Zielen nicht emotional verbunden bist, kann dies ebenfalls die Wirkung deines Manifestationsprozesses beeinflussen. Damit das Manifestieren gelingt, gehört also auch eine emotionale Resonanz zu deinen Wünschen, Zielen und Träumen dazu, wenn du die nötigen Energien anziehen willst.

* ***Veränderungen verhindern wollen***
Der Mensch tut sich mit Veränderungen in aller Regel schwer. Sie machen häufig Angst vor dem Unbekannten. Der Schritt aus deiner eigenen Komfortzone ist daher oftmals nicht leicht. Für das Vorankommen im Sinne der Manifestation ist es daher wichtig, dass du diese Veränderungen annimmst und versuchst, mit diesen zu arbeiten.

* ***Absichten sind nicht klar definiert***
Im Prozess der Manifestation tritt bei vielen Menschen immer wieder das Problem auf, dass die Absichten hinter der Manifestation nicht klar abgesteckt sind. In der Praxis führt dies dazu, dass durchgeführte Visualisierungen nicht stark genug sind, um die gewünschten Veränderungen herbeizuführen. Die Klarheit der Vorstellungskraft ist daher einer der wichtigsten Faktoren im Prozess der Manifestation.

* **_Blockaden aus der Vergangenheit, die tief im Unterbe-wusstsein verankert sind_**

  Unser Unterbewusstsein verfügt aufgrund der Erfahrungen, die wir im Verlauf unseres Lebens machen, meist über eine Vielzahl von emotionalen Blockaden. Diese können dich im Prozess der Manifestation daran hindern, deine Ziele, Wünsche und Träume zu leben. Für dich ist es daher wichtig, dass du deine Blockaden erkennst und diese auflöst.

 Die hier vorgestellten Blockaden erheben keinen Anspruch auf Vollständigkeit. Es handelt sich lediglich um eine Auswahl der wichtigsten und am häufigsten auftretenden Hindernisse im Prozess der Manifestation, die du kennen solltest. .

Das Erkennen und Verstehen der Blockaden, die dich von einer zielführenden Manifestation abhalten, ist für die Funktionsfähigkeit der Methode von besonderer Bedeutung. Gelingt es dir, deine Hindernisse zu erkennen, kannst du deine Manifestationsfähigkeiten nachhaltig stärken.

Bist du bei der Überwindung ebendieser Hindernisse und Blockaden noch nicht sicher, erfährst du im nachfolgenden Kapitel, mit welchen Strategien du mögliche Blockaden im Alltag überwinden kannst.

8.2 Strategien zur Überwindung von Blockaden

Blockaden halten uns im Alltag davon ab, unseren Träumen zu folgen. Umso wichtiger ist es, dass wir diese auflösen und uns neu orientieren. Das Vorgehen folgt dabei dem immer gleichen Ablauf.

Anleitung zur Überwindung von Blockaden

* **Schritt 1:**
  Deine eigenen Blockaden erkennen

Um eine Blockade aufzulösen, musst du diese zunächst erkennen. Folgendes kannst du hierzu tun:

- *Nimm dir Zeit und beobachte dich selbst.*
- *Welche Gedanken und Gefühle gehen dir durch den Kopf?*
- *Was beschäftigt dich?*
- *Welche Gefühle stehen dir konkret im Weg?*

✳ Schritt 2:
Begebe dich auf Ursachenforschung!

Sobald du eine Blockade erkannt hast, ist es deine Aufgabe, herauszufinden, welche Ursache für diese Blockade vorliegt. Folgende Fragen kannst du dir hierzu stellen:

- *Worin liegt der Auslöser für die Blockade?*
- *Gab es ein spezifisches Ereignis, die ich als nicht zu bewältigen empfand?*
- *Blockieren mich bestimmte Ängste?*
- *Gibt es Unsicherheiten?*

✳ Schritt 3:
Die Blickrichtung verändern

Im Kontext dieses Schrittes geht es darum, eine neue Perspektive einzunehmen und dich von dem zu trennen, was dir bei der Erreichung deiner Wünsche im Weg steht.

Hierzu kannst du wie folgt vorgehen:

- *Brauche ich die vorhandene Blockade oder steht sie mir im Weg?*
- *Kann ich die Blockade überwinden?*
- *In welchen Situationen vertraue ich nicht genug auf mein eigenes Können?*

* **Schritt 4:**
   Das eigene Denken verändern

Im Anschluss kommt es darauf an, dass du dir deiner eigenen Denkweisen bewusst wirst. Nur so kannst du ins Handeln kommen und deine Gefühlswelt neu ordnen. Hierzu solltest du deine Gedanken bewusst steuern und dich auf deine positiven Gedanken konzentrieren. Nimm in den Fokus, was du als Nächstes erreichen möchtest.

Achte auf deine Sprechweise und versuche, dir eine positive Sprache anzugewöhnen.

Beispiel:

Statt zu sagen,
„Ich kann das nicht!",
sagst du:
„Mein Plan ist es, das zu schaffen."

* **Schritt 5:**
   Unterstützung identifizieren

Sofern es dir nicht gelingt, deine Blockaden alleine zu lösen, ist in diesem Prozess der richtige Zeitpunkt gekommen, um dir Unterstützung zu holen. Hierbei spielt es keine Rolle, ob es sich bei deiner Unterstützung um einen Coach, einen Freund, die Familie oder einen Therapeuten handelt. Was dir guttut, ist erlaubt. Wichtig ist lediglich, dass deine Unterstützung dich motiviert.

* **Schritt 6:**
   Neue Strategien entwerfen

Um die identifizierten Blockaden zu überwinden, benötigst du eine Strategie. In erster Linie ist es hier wichtig, dass du klare Gedanken fassen kannst und deinen Fokus auf dein Inneres legst.

Eine Technik, die dich hier unterstützen kann, ist die nachfolgende Übung. Diese aktiviert den sogenannten Vagusnerv und hilft dir dabei, dich zu entspannen.

Definition: Vagusnerv

* Der sogenannte Vagusnerv ist auch als der zehnte Hirnnerv bekannt. In der Medizin wird er auch als Cranialnerv X bezeichnet. Er zählt zu den längsten Nerven im Körper. Sein Startpunkt liegt im Gehirn. Innerhalb des menschlichen Körpers zieht er sich an sämtlichen Organen vorbei, um diese miteinander zu verbinden.

Aus diesem Grund gehört der Vagusnerv zum Nervensystem und kontrolliert Funktionen wie den Herzschlag, die Atmung oder auch die Verdauung.

Darüber hinaus ist er für die Regulation des Parasympathikus verantwortlich, also den Teil unseres Nervensystems, das für die Entspannung und Regeneration des Körpers verantwortlich ist.

Neben den bereits benannten Funktionen ist der Vagusnerv für die Kommunikation zwischen dem Körper sowie dem Gehirn verantwortlich. Er reguliert Entzündungen und Stressreaktionen des Körpers sowie deine Stimmung.

Anleitung: Summen, Schnurren, Singen

Was sich im ersten Moment befremdlich anhören mag, kann deine Entspannung maßgeblich beeinflussen. Die Vibration deines Kehlkopfes aktiviert nämlich den Vagusnerv.

In der Praxis gehst du hierzu wie folgt vor:

- *Begebe dich allein in den Wald o. suche dir eine ruhige Ecke.*
- *Dann beginnst du damit, zu summen.*
- *Nachdem du eine Weile gesummt hast, gehst du zum Schnurren über. Das ist nichts anderes als ein sehr tiefes Summen. Zur Vereinfachung kannst du hierbei die Vokale*

A, U und O nutzen, um deinen Kehlkopf in Vibration zu versetzen.
- *Konzentriere dich dabei darauf, wie sehr dein Kehlkopf in Schwingung gerät und wie sich diese Schwingung auf deinen Körper auswirkt.*

Im Anschluss an diese Übung kannst du dir dann die nachfolgenden Fragen stellen:

- *Welche Schritte kann ich zur Erreichung meines Ziels einleiten?*
- *Welche Ziele sind realistisch und können von mir in die Tat umgesetzt werden?*
- *Welche Ressourcen stehen mir zur Zielerreichung zur Verfügung?*
- *Was gibt mir im Alltag Kraft, um meine Ziele umzusetzen?*
- *Wie kann ich dies in Ritualen in meinen Alltag integrieren?*

⁕ Schritt 7:
Strategien umsetzen

Wenn du für dich eine Strategie gefunden hast, mit der du deine Blockaden meistern kannst, kommt es darauf an, ins Tun zu kommen. Du solltest also deine Motivation nutzen und deinen Blockaden aktiv gegenübertreten.

Tipp:

Sei geduldig mit dir selbst. Über Jahre im Unterbewusstsein verankerte Glaubenssätze löst du nicht von heute auf morgen. Auch solltest du dir Zeit geben, dich an deine neuen Routinen zu gewöhnen.

8.3 Psychologische Aspekte und Selbstsabotage verstehen

Viele Menschen schieben einige Aufgaben bis zum letzten Zeitpunkt. Die Psychologie spricht in diesem Zusammenhang auch von Selbstsabotage.

Beispiel:

 Stell dir vor, du bist Projektleiter in einem großen Unternehmen. Auf deiner To-do-Liste stehen viele wichtige Aufgaben und du weißt genau, dass du diese schleunigst erledigen solltest.
Statt mit den Aufgaben zu beginnen, ziehst du jedoch Ablenkungen und Ausreden vor, weshalb du diese Dinge später erledigen solltest.

Begründet kann das Verhalten in deinen innersten Glaubenssätzen liegen, die tief in deinem Unterbewusstsein verankert sind. Du hast Angst davor, Misserfolge zu erleben, und bist dir nicht sicher, ob du diese Aufgabe bewältigen kannst. Das Aufschieben (mit dem Fachbegriff „Prokrastinieren") führt in der Praxis aber nur dazu, dass deine Angst wächst und weitere Probleme hinzukommen.

Sprechen wir von Selbstsabotage, meint dies also nichts anderes als die Tatsache, dass wir unsere eigenen Bedürfnisse, Wünsche und Träume durch unser Verhalten verhindern. Nicht immer geschieht Selbstsabotage bewusst. Vielmehr ist sie in aller Regel in bestimmten Gewohnheiten begründet.

Hinter Selbstsabotage steckt dein innerer Kritiker. Er redet dir ständig ein, dass du etwas nicht kannst oder es nicht schaffst, selbst wenn diese Zweifel unbegründet sind. Da du seine Stimme erhörst, beginnst du, an dir selbst zu zweifeln, und traust dir selbst weniger zu.

Definition: Innerer Kritiker

* Die Psychologie bezeichnet alle negativen Gedanken in uns selbst als inneren Kritiker. Sie dienen dazu, uns selbst kleinzumachen, ein negatives Selbstgespräch zu führen und uns selbst in übertriebenem Maß zu kritisieren.

Typische Sätze des inneren Kritikers sind dabei:

- *Du hast keine Freunde.*
- *Du kriegst gar nichts hin.*
- *Du bist zu blöd dafür.*
- *Was stimmt mit dir nicht?*
- *Du bist eine Niete.*
- *Es klappt sowieso nicht.*
- *usw.*

Die auf diese Weise selbst gesteckten Grenzen in deinen Gedanken machen dir im Alltag das Leben schwer.

Die Ursachen für Selbstsabotage können dabei ganz unterschiedlich sein:

* Selbstzweifel
* Ängste
* übertriebene Ansprüche an das eigene Selbst
* gering ausgeprägtes Selbstwertgefühl
* geringes Selbstvertrauen
* ein bestimmtes erlerntes Verhalten

Ob du unter Selbstsabotage leidest, kannst du anhand des nachfolgenden kurzen Tests herausfinden.

☐ Im Alltag hast du das Gefühl, im Leben nicht voranzukommen und dich im Kreis zu drehen.

☐ Du zweifelst oft an dem, was du kannst.

☐ Du hast oft Angst und traust dich nicht, obwohl du von anderen Menschen Zuspruch erhältst.

70

- ☐ Du bist selten mit dir selbst zufrieden.
- ☐ Auch Aufgaben, die nicht zu schaffen sind, nimmst du an, um dir eine Bestätigung für dein Scheitern zu holen.
- ☐ Aufgaben verschiebst du gerne auf den kommenden Tag.
- ☐ Neinsagen fällt dir extrem schwer.
- ☐ Du konzentrierst dich nicht auf deine Stärken.

Auswertung:

Je mehr dieser Punkte du für dich bejahen kannst, desto wahrscheinlicher ist es, dass du dich selbst sabotierst.

Damit du dir nicht länger selbst im Weg stehst, ist es wichtig, dass du dich im Alltag von deiner Selbstsabotage befreist. Hierzu kannst du die nachfolgende Anleitung nutzen:

1. *Konzentriere dich auf deine Erfolge und lege für dich eine Liste an, mit all den Dingen, die du bisher bereits erreicht hast. Wann immer dich in Zukunft Selbstzweifel plagen, nimmst du diese Liste hervor und bist stolz auf das, was du bisher erreicht hast.*

2. *Hör auf, dich mit anderen Menschen in deinem Umfeld zu vergleichen. Du besitzt eigene Talente und Stärken und bist so, wie du bist, wertvoll.*

3. *Sorge dafür, dass dein innerer Kritiker verstummt. Wann immer er dich verunsichern will, bietest du ihm die Stirn und sagst ihm, dass du alles schaffen kannst, was du willst.*

4. *Habe realistische Erwartungen an dich selbst. Erlaube dir selbst, mit dem, was du erreicht hast, zufrieden zu sein.*

5. *Wenn dir große Schritte schwerfallen, mache kleine. Jeder Schritt ist ein Schritt auf dem Weg zum Ziel. Akzeptiere, dass nicht jeder Tag gleich ist und es nicht immer gleich gut gelingt. Es ist in Ordnung, Schwächen zu haben.*

Die Arbeit an deiner eigenen Selbstsabotage kann in der Praxis dabei helfen, dass du diese überwindest und zu mehr Selbstvertrauen und positiveren Glaubenssätzen findest.

Tipp:

 Auch Coaching und therapeutische Unterstützung können in diesem Kontext eine Unterstützung sein.

Praktische Manifesta-
tionstechniken

Um deine Ziele und Wünsche in die Realität umzusetzen, bieten praktische Manifestationstechniken eine gute Möglichkeit. Wendest du die Techniken bewusst an, kann dies dazu führen, dass du lernst, deine Gedanken und Absichten zu lenken. In der Folge wirst du dann positive Veränderungen anziehen. Wie dir genau das im Alltag gelingt, erfährst du im Rahmen der nachfolgenden Kapitel.

9.1 Erstellen von Vision Boards und ihre Anwendung

Mithilfe eines Vision Boards kannst du dir deine Träume noch einmal deutlich vor Augen führen. Es trägt dazu bei, dass deine Träume und Wünsche sichtbar werden. Das Vision Board kann daher als hilfreiches Tool verstanden werden, das dich bei der Visualisierung und Manifestation deiner Visionen und Sehnsüchte unterstützen kann.

Es hilft dir im Alltag dabei, die einzelnen Schritte zu identifizieren, die für die Erreichung des jeweiligen Ziels nötig sind.

Für die Erstellung eines Vision Boards in der Praxis gehst du dabei wie folgt vor:

1. Zunächst definierst du deine Ziele und Visionen. Hierzu nimmst du dir ein Blatt und hältst auf diesem deine Wünsche fest. Deiner Fantasie sind hierbei keine Grenzen gesetzt. Auch, wenn dir ein Wunsch noch so unmöglich erscheint, kannst du ihn auf deinem Vision Board aufnehmen.

2. Im nächsten Schritt wirfst du einen Blick auf unterschiedliche Lebensbereiche. Typischerweise sind dies:

a. Kreativität
b. Geld und Finanzen
c. Berufliche Ziele
d. Familie und Freundschaften
e. Gesundheit
f. Spiritualität
g. Partnerschaft und Liebe
h. Räumliche Umgebung und Wohnort
i. Freizeit
j. Gesellschaftliches Engagement

3. Anschließend gehst du dazu über, deine Ziele den einzelnen Kategorien zuzuordnen. Hast du das erledigt, ist es wichtig, dass du für dich einen Zeitraum definierst, in dem du dieses Ziel erreichen möchtest. Hierbei kann es hilfreich sein, wenn du unterschiedliche Zeitfenster für deine Ziele festlegst. So kannst du dir beispielsweise Ziele für nächstes Jahr, für in drei Jahren oder in 10 Jahren manifestieren.

4. Im nächsten Schritt gibst du deinen einzelnen Zielen ein Bild. Hierzu kannst du neben Texten auch Bilder und Illustrationen verwenden, die deinen Zielen nahekommen. Für die passenden Bilder kannst du beispielsweise auf Zeitschriften zurückgreifen und hieraus die gewünschten Bilder ausschneiden.

5. Im Anschluss ordnest du die ausgeschnittenen Bilder nach der Struktur der einzelnen Lebensbereiche und beginnst damit, dein Vision Board zu gestalten. Hierzu klebst du die gesammelten Abbildungen in Form einer Kollage auf dein Vision Board. Als Untergrund kannst du entweder ein Plakat, ein Holzbrett oder eine Pinnwand verwenden.

6. Nach der Fertigstellung deines Vision Boards solltest du einen geeigneten Platz suchen, an dem du es aufhängen und so jederzeit betrachten kannst.

7. Sobald das Vision Board platziert wurde, solltest du dir angewöhnen, jedes Mal, wenn du es passierst, dankbar dafür zu sein, dass sich deine visualisierten Ziele erfüllt haben.

Tipp:

 Sollten sich deine Träume verändern, hast du jederzeit die Möglichkeit, auch dein Vision Board zu verändern. Eine regelmäßige Aktualisierung ist daher sinnvoll und empfohlen.

Solltest du kein analoges Vision Board herstellen wollen, kannst du natürlich auch auf ein digitales Vision Board zurückgreifen.

9.2 Effektive Manifestationsrituale und deren Bedeutung

Um deine Absichten zu verstärken, kannst du im Rahmen der Manifestation auf Manifestationsrituale zurückgreifen. Hierbei schaffst du einen bewussten Zustand, der den Fokus auf deine Ziele und Wünsche legt, sodass du diesen mit Klarheit folgen kannst.

Mithilfe der Rituale kannst du dann deine Energien bündeln, deine Gedanken verstärken und dein Unterbewusstsein besser auf deine Ziele ausrichten. Für die Durchführung kannst du dich dabei an den nachfolgenden Ritualen orientieren:

* **Ritual 1: Reinigungsritual**

Hast du vor, schlechte und unproduktive Gedanken abzuschütteln, kann ein Reinigungsritual hilfreich sein. Zunächst positionierst du dich hierzu an einem ruhigen und ungestörten Ort. Dann beginnst du damit, bewusst auf deinen Atem zu achten.

Atme hierzu tief und beobachte, was bei der Atmung in deinem Körper passiert.

Tipp:

Das Reinigungsritual eignet sich auch für die Durchführung unter der Dusche.

* **Ritual 2: Absichten aufschreiben**

Vor Beginn des Rituals solltest du dir aufschreiben, was von dir manifestiert werden soll. Nimm dir hierzu Zeit, um in dein Innerstes hineinzuhören. Dann schreibst du auf, was du in der kommenden Vollmondnacht oder bei Neumond manifestieren möchtest.

Folgendes kannst du hierzu überdenken:

- *Was möchtest du loslassen?*
- *Was lief im vergangenen Monat nicht gut?*
- *Von welchen alten Gewohnheiten möchtest du dich befreien?*

Beim nächsten Vollmond kannst du dich gedanklich dann auf das konzentrieren, was du in dein Leben ziehen möchtest. Das visualisierst du dir dann im Anschluss gedanklich in der Vollmondnacht für den kommenden Monat.

Tipp:

Sei bei deinen Wünschen und Zielen so konkret wie möglich.

* **Ritual 3: Brief ans Universum**

Um dir deiner Wünsche bewusst zu werden und diese schriftlich zu fixieren, hast du im Kontext von Manifestationsritualen die Möglichkeit, einen Brief ans Universum zu schreiben. In diesem kannst du deine Wünsche und Ziele mitteilen und alles aufschreiben, was du dir vom Universum wünschst.

Tipp:

Für die innere Haltung bei diesem Manifestationsritual kann es sinnvoll sein, wenn du Dankbarkeit für die Dinge verspürst, an denen du dich im Leben bereits erfreuen kannst.

Hinweis:

Die hier vorgestellten Rituale stellen nur einen Ausschnitt der Rituale dar, die im Bereich der Manifestation existieren. Über die hier vorgestellten Rituale hinaus gibt es weitere Techniken, die du bei der Manifestation nutzen kannst.

Die Anwendung effektiver Manifestationsrituale ermöglicht die bewusste Lenkung deiner Absichten und sorgt dafür, dass du in Verbindung mit deinen Zielen und Wünschen gelangst.

Die regelmäßige Praxis dieser Rituale sorgt dafür, dass du deine Energien kraftvoll einsetzen kannst und bei der Umsetzung deiner Visionen unterstützt wirst.

Die bewusste Ausrichtung auf unsere Ziele durch die hier vorgestellten Rituale verstärkt nicht nur unseren Glauben an deren Verwirklichung, sondern öffnet auch Türen zu neuen Möglichkeiten und Chancen auf diesem Weg.

9.3 Manifestationsmeditationen zur Vertiefung der Praxis

Um deine Manifestationspraxis zu vertiefen, kannst du bei der Durchführung auf Manifestationsmeditationen zurückgreifen. Sie helfen dir dabei, deine Gedanken fokussiert zu verfolgen und auf der Basis deiner Absichten deine Ziele, Wünsche und Träume zu realisieren.

In der Praxis enthalten Manifestationsmeditationen häufig Visualisierungen, bei denen du dir vorstellst, dass deine Wünsche bereits erfüllt sind. Dieses Vorgehen hilft dir dabei, dich selbst in einen emotionalen und mentalen Zustand zu versetzen, der die von dir gewünschten Veränderungen in dein Leben zieht.

Übung – Manifestationsmeditation

* Setze dich in eine bequeme Position. Schließe die Augen und beginne, tief und ruhig zu atmen. Spüre in deine Atmung hinein und versuche, dich darauf zu konzentrieren, wie viel Ruhe mit jedem Atemzug in deinen Körper einströmt.

* Stelle dir vor, du betrittst einen Raum. Er ist von einem strahlenden Licht erfüllt. Während du durch den Raum wanderst, fühlst du dich gelassen und entspannt. Um dich herum vernimmst du eine warme und beruhigende Energie, die sich positiv auf deine Gedanken auswirkt.

* Während du diese Energie in dir aufnimmst, konzentrierst du dich auf ein konkretes Ziel, das du für dich manifestieren möchtest. Konzentriere dich ausschließlich auf diesen Moment und versuche, dir dein Ziel so lebhaft wie möglich zu visualisieren.

* Spüre, welche Emotionen dies in dir auslöst. Verbinde dich mit deinen Emotionen. Befreie dich von Zweifeln, die mit der Erreichung deines Ziels in Verbindung stehen können, und richte deine volle Aufmerksamkeit auf das Glücksgefühl, das mit der Erreichung einhergeht.

* Fühle, wie sich deine Vision in deinem Herzen einen Platz sucht und sich dort niederlässt. Beginne nun damit, erneut tief zu atmen und dich auf deine Atmung zu konzentrieren. Bedanke dich beim Universum für die Erreichung deiner Ziele und verlasse den Raum langsam wieder.

* Atme erneut tief ein und reflektiere die Emotionen, die mit dieser Manifestationsmeditation einhergehen. Dann öffnest du sanft die Augen und gönnst dir noch einen Moment Ruhe, bevor du zum Alltag zurückkehrst.

Tipp:

Wiederhole diese Meditation mehrmals, um deine Energien besser zu fokussieren und deinen Visionen mehr Kraft zu verleihen.

Die hier angeführte Meditation dient nicht nur dazu, in deinem Inneren positive Energien zu generieren. Vielmehr soll sie tief in dein Unterbewusstsein eindringen und dort deine Wünsche visuell verankern.

10 Manifestieren in verschiedenen Lebensbereichen

Wie du im Verlauf des Ratgebers bereits festgestellt hast, erstreckt sich das Manifestieren nicht nur auf einen, sondern allgemein auf verschiedene Lebensbereiche. Die Methode kann dir daher dabei behilflich sein, deine tiefsten Wünsche und Ziele aus verschiedenen Lebensbereichen in die Tat umzusetzen. Dabei spielt es keine Rolle, ob es sich um berufliche Erfolge oder persönliche Ziele handelt. Die Bedeutung des Manifestierens lernst du daher im Rahmen der nachfolgenden Kapitel im Kontext unterschiedlicher Lebensbereiche kennen.

10.1 Anwendung des Manifestierens auf Beziehungen und soziale Interaktionen

Nutzt du die Manifestation auch im Kontext von Beziehungen und sozialen Interaktionen, führt dies im Alltag dazu, dass du mit den Menschen um dich herum tiefere Beziehungen führst.

Die Manifestation beginnt im Kontext von sozialer Interaktion sowie Beziehungen mit einer klaren Kommunikation. Hier ist es vor allem wichtig, dass du dich klar in Bezug auf deine Gefühle und Wünsche, aber auch hinsichtlich deiner Bedürfnisse äußerst. Dies wird dir dabei helfen, die Art von Beziehungen und Interaktion zu manifestieren, die du dir für dich selbst wünschst.

Darüber hinaus ist es wichtig, dass du dich mit positiven Gedanken umgibst. Auf diese Weise wirst du dir ein soziales Umfeld schaffen, das positive Energien anzieht und deine Beziehungen letztlich verbessert.

Neben den bereits benannten Aspekten kannst du natürlich auch auf die in diesem Ratgeber vorgestellten Techniken der Visualisierung und von Affirmationen zurückgreifen. Es kann dir im Kontext sozialer Interaktion sowie im Rahmen von Beziehungen behilflich sein, die Ausgangssituation bildlich vor Augen zu haben und auf diese Weise die gewünschte Realität zu verstärken.

Natürlich beeinflusst auch deine persönliche Entwicklung die Manifestation in Beziehungen und sozialer Interaktion. Die Weiterentwicklung deiner Persönlichkeit hilft dir bei der Manifestation, deine Beziehungen auf positive Weise zu beeinflussen und Veränderungen zu bewirken. Willst du die Technik der Manifestation auf Beziehungen oder soziale Interaktion anwenden, solltest du darauf achten, dass du auch an dir selbst arbeitest, dein Handeln und Denken reflektierst und deine Fähigkeiten verbesserst. Denn: Gemäß dem Gesetz der Anziehung kannst du positive Veränderungen nur dann anziehen, wenn du dich selbst zum Positiven veränderst.

Vor dem Hintergrund sozialer Interaktion kommt es beim Manifestieren demnach darauf an, dass du deine Einstellungen, Gedanken und auch Handlungen so in die Manifestation einbindest, dass sich positive Veränderungen einstellen.

10.2 Finanzielle Manifestation und Fülle anziehen

Wenn du darüber nachdenkst, Finanzielles zu manifestieren, kann es in der Praxis entscheidend sein, wie du dich selbst und die Welt um dich herum siehst, ebenso, wie du mit ihr in Interaktion trittst.

Willst du demnach mehr finanzielle Freiheit in dein Leben ziehen, musst du deine Gedanken und damit auch deine Emotionen und Verhaltensweisen verändern.

Das Manifestieren von Finanziellem besteht daher auf der Basis eines Bewusstseins, das im Allgemeinen eine positive Einstellung gegenüber Geld hat. Besonders wichtig ist es daher, dass du dich auf dein Bewusstsein konzentrierst und dir klarmachst, dass deine Haltung gegenüber Geld sich verändern muss.

Diese Haltung sollte von positiven Empfindungen geprägt sein und ein Gefühl des Überflusses erzeugen. Wie auch in anderen Bereichen ist es wichtig, dass du dir exakt vorstellst, wie es sich anfühlen würde, würdest du im Überfluss über finanzielle Freiheit verfügen (Visualisierung). Im Anschluss kannst du dann Maßnahmen ergreifen, die zu genau dieser Lebenslage führen.

Folgendes ist hierzu wichtig:

* **1.** Setze dich mit dem Gesetz der Anziehung auseinander und mache dir bewusst, dass Geld eine Reaktion auf das ist, was du aussendest. Sendest du also das Signal des Überflusses, wirst du mehr Wohlstand in dein Leben ziehen.

* **2.** Mache dir darüber hinaus konkret klar, wofür du Geld in deinem Leben benötigst. So kannst du deine Manifestationsenergie fokussieren.

* **3.** Wenn du Geld ausgibst, solltest du dich von einem schlechten Gefühl im Anschluss befreien. Viel wichtiger ist es bei der Manifestation, dass du das Gefühl hast, dass das Geld, was du ausgibst, kein Problem für deine finanzielle Situation darstellt.

* **4.** Um deine Aufmerksamkeit auf das Finanzielle zu fokussieren, kannst du darüber hinaus die sogenannte 3-6-9-Methode verwenden.

Exkurs: 3-6-9-Methode

Bei der 3-6-9-Methode gehst du dazu über, das, was du manifestieren möchtest, zu bestimmten Tageszeiten in bestimmten Häufigkeiten schriftlich zu fixieren:

- morgens dreimal,
- mittags sechsmal,
- abends neunmal.

Mithilfe der Methode kannst du deine Aufmerksamkeit auf den gewünschten Bereich zentrieren und deine Überzeugungen schulen.

Die Methode lässt sich auch auf alle anderen Bereiche des Lebens übertragen.

Daneben ist es wichtig, dass du die Kontrolle über deine Finanzen übernimmst. Hierzu kannst du dir beispielsweise eine Übersicht erstellen, die dir klar aufzeigt, welches Budget dir monatlich zur Verfügung steht und welche finanziellen Ziele du verfolgst.

Abschließend ist es wichtig, dass du im Kontext der Manifestation beharrlich bleibst und nicht sofort Wunder erwartest. Manifestation erfordert immer Zeit und Geduld. Verfalle also nicht in Verzweiflung, wenn sich Erfolge nicht umgehend einstellen.

10.3 Manifestationen für Gesundheit und beruflichen Erfolg

Auch im Bereich Gesundheit und beruflicher Erfolg gilt, ebenso wie in anderen Bereichen: Positivität macht dich erfolgreich bei der Erreichung deiner persönlichen Ziele.

Das belegen auch Forschungen zum Thema:

Das menschliche Gehirn weist eine erhöhte Leistungsfähigkeit auf, wenn wir uns dazu hinreißen lassen, positiv zu denken, und uns an den positiven Aspekten des Lebens erfreuen.

So kommt es, dass ein Gehirn, das positiv denkt, etwa um ein Drittel leistungsfähiger ist als eines, das sich ständig nur auf die negativen Faktoren einer Situation konzentriert.

Willst du also leistungsfähiger im Alltag sein und gesünder leben, ist es wichtig, dass du auch hier die bereits kennengelernten Strategien zum positiven Denken anwendest.

Den Weltfrieden wirst du also nicht manifestieren können, wohl aber eine positivere Lebenseinstellung, die im Anschluss zu mehr Wohlbefinden und damit auch zu einer besseren Gesundheit führen wird. Gleiches gilt für den beruflichen Erfolg, was du bereits an den Ergebnissen der Forschung ablesen kannst.

Positive Gedanken wirken sich also nicht nur auf deine Leistungsfähigkeit, sondern eben auch auf deine Gesundheit aus. Eine positive Denkweise hat einen erheblichen Einfluss auf dein Immunsystem. Gehst du optimistisch durch den Tag und begegnest auf deinem Weg Menschen, die eher negativ verstimmt sind, so haben Untersuchungen gezeigt, dass du gelassener auf Angriffe reagieren und dich von diesen mental erholen kannst. Auch die Wahrscheinlichkeit von Herz-Kreislauf-Erkrankungen wird durch eine positive Denkweise vermindert. Nicht zuletzt können Schlafstörungen ausgeräumt werden.

Es gibt also genügend Gründe für dich, die Manifestation auch im Bereich von Gesundheit und beruflichem Erfolg in dein Leben zu integrieren.

Erfolgsgeschichten und Beispiele

Mit Blick auf die Technik der Manifestation existiert in der Praxis eine Vielzahl an Beispielen für Geschichten, bei denen die Manifestation den gewünschten Erfolg erzielt hat.

Darunter befindet sich eine Vielzahl von Personen, die finanzielle Güter, wie beispielsweise ihr Traumhaus, manifestiert haben. Auch die Manifestation des Traumjobs und die Verbesserung der Gesundheit gehören zu diesen Erfolgsgeschichten.

All diesen Geschichten gemeinsam ist die Tatsache, dass alle Betroffenen Personen die Macht ihrer Gedanken genutzt haben, um ihre Gedanken bewusst zu lenken und auf diese Weise das persönlich gewünschte Ergebnis zu erzielen.

Die Technik der Manifestation ist dabei kein einfaches esoterisches Konzept, sondern vielmehr eine praktische Anwendungstechnik, die die mentale Ausrichtung auf die eigenen Ziele, Wünsche und Träume verbessert.

Nachfolgend wirst du daher einige Beispiele für Erfolgsgeschichten kennenlernen, die dir zeigen, wie die Technik der Manifestation auch in deinem Leben Veränderungen herbeiführen kann.

11.1 Inspirierende Erfolgsgeschichten von Menschen, die das Manifestieren angewandt haben

Was könnte motivierender sein, als Erfolgsgeschichten von Menschen zu lesen, die mit den Techniken der Manifestation im Leben bereits weitergekommen sind?

Beispiele:

 Jennifer praktiziert täglich Visualisierungen und Affirmationen. Diese sollen sie dabei unterstützen, ihre finanzielle Situation hin zu Fülle zu verändern. Im Verlauf von wenigen Monaten kann Jennifer durch die regelmäßige Praxis der Techniken erste Veränderungen erkennen. Ihre Einnahmen steigen merklich und unerwartete berufliche Chancen und neue Kunden tun sich auf.

 Tom bedient sich schon eine ganze Weile der Techniken der Manifestation. Seitdem visualisiert er in regelmäßigen Abständen klar seine Ziele. Gerade in Bezug auf die karriereorientierten Ziele konnte er hier schnell Verbesserungen feststellen. Die Veränderung seines Fokus hat dabei schnell zu neuen Gelegenheiten und beruflichem Wachstum geführt.

 Marleen betreibt seit einigen Monaten täglich Meditation. Zudem visualisiert sie ihre körperliche Gesundheit und den Glauben daran, dass ihr körperlicher Zustand, der die letzten Monate aufgrund einer langwierigen Erkrankung etwas desolat war, sich verbessern wird. Schon nach kurzer Zeit konnte sie aufgrund der Veränderung ihrer Blickrichtung feststellen, dass sie sich besser fühlte. Auch ihr Gesundheitszustand besserte sich allmählich.

Auch unter den Reichen und Berühmten gibt es genügend Beispiele dafür, dass die Techniken der Manifestation funktionieren.

Ellen DeGeneres

So auch die US-amerikanische Fernsehmoderatorin Ellen DeGeneres (* 1958). Ihre Karriere begann sie als Stand-up-Comedian in kleinen Clubs in New Orleans.
Heute ist die Fernsehmoderatorin neben ihrem Beruf als Komikerin auch Schauspielerin und Autorin. Im amerikanischen Fernsehen hat sie ihre eigene TV-Show „Die Ellen DeGeneres-Show" und zählt mit dieser zu einer der erfolgreichsten Shows aller Zeiten.

Mithilfe ihres Erfolgsgeheimnisses hat sie es bis heute zu einem Golden Globe und einem Primetime Emmy Award geschafft. Ihr Jahresgehalt beträgt Schätzungen zufolge etwa 60 Millionen Dollar.

Das alles hat sie laut eigener Aussage nur geschafft, weil sie an die Kraft der Dankbarkeit und damit auch an das Gesetz der Anziehung glaubt. Mit dem Beginn ihrer Karriere hat sie sich auf Visualisierungen dessen gestützt, was sie im Leben erreichen möchte. Neben diesen Visualisierungen hat sie sich aktiv mit dem Praktizieren von Dankbarkeit befasst. Auch heute noch gehören Meditationspraktiken zu ihrer täglichen Routine im Alltag.

Arnold Schwarzenegger

Auch Arnold Schwarzenegger (* 1947) schwört auf die Techniken der Manifestation, hier insbesondere auf das Gesetz der Anziehung. Der US-amerikanische Schauspieler, Unternehmer, ehemalige Bodybuilder und US-Politiker verzeichnet im Verlauf seiner Karriere große Erfolge.
Im Bereich des Bodybuildings ist Schwarzenegger 7-facher Mr. Olympia und 5-facher Mr. Universe. In Hollywood gehört er zu einem der bestbezahlten Schauspieler.
Als wäre das noch nicht genug, ist er auch Bestsellerautor und Gouverneur von Kalifornien.
Sein Erfolgsgeheimnis dabei sind die Techniken des Gesetzes der Anziehung, aber auch der Visualisierung. Er ist der festen Überzeugung: Nur wer klare Visionen hat, kann klare Ziele verfolgen. In Interviews beschreibt er daher oft, dass er sich bereits als junger und unbekannter Mensch auf der Bühne vor-

gestellt hat, wie er neben seinen damaligen Idolen und großen Bodybuildern steht und selbst die Trophäe in den Händen hält.

Die Bilder dieser Idole, die ihn bereits sein Leben lang inspirierten, hängte er auch in seinen damaligen Wohnungen auf. Auch, so beschreibt er, nutzte er diese Methode, um seinen finanziellen Erfolg zu manifestieren.

Die angeführten Beispiele zeigen deutlich, dass die Manifestation in verschiedenen Lebensbereichen erfolgreich sein kann. Dabei spielt es keine Rolle, ob es um finanzielle Fülle, die Verbesserung von Beziehungen, die Stärkung der Gesundheit oder beruflichen Erfolg geht. Vielmehr geht es um die innere Haltung, die dazu führt, dass dein Leben eine positivere Gestaltung erfährt.

11.2 Analyse dieser Geschichten und die Schlüssel zum Erfolg

Was aber ist den im Vorfeld angeführten Beispielen gemein?

Diese Geschichten, ganz gleich, ob von gewöhnlichen Menschen oder den Reichen und Berühmten, weisen eine gemeinsame Essenz auf:

Jedes der Beispiele zeigt im Hinblick auf Ziele und die Umsetzung selbiger eine gewisse Klarheit und Beharrlichkeit. Jennifer und Tom beispielsweise haben sich klare Ziele gesetzt und diese immer wieder in regelmäßigen Abständen visualisiert. Genau dieses Vorgehen half ihnen dabei, den Fokus zu schärfen und ihre Aufmerksamkeit genau auf diese zu lenken. In der Folge ergab sich das konsequente Wirken an den eigenen Zielen, bis diese erreicht waren. Auch der Glaube an die Möglichkeit der Veränderung war hierbei sicherlich entscheidend. Das haben auch die Geschichten von Marleen und Arnold Schwarzenegger gezeigt. Beide nutzen die Techniken der Manifestation, um zu Gesundheit und beruflichem Erfolg zu gelangen. Die stärksten Waffen in diesem Kampf waren der Glaube an die eigene Veränderung und die Ausrichtung der Gedanken auf die gewünschten Ziele.

Ellen DeGeneres und Arnold Schwarzenegger integrierten darüber hinaus die kontinuierliche Praxis der Dankbarkeit in ihre täglichen Abläufe und nutzten dabei die Kraft der Visualisierung, die Dankbarkeit und auch die Techniken der Meditation, um der Erreichung ihrer eigenen Ziele näher zu kommen und das eigene Leben positiver zu gestalten.

Auch hier spielten Beharrlichkeit und Geduld eine wichtige Rolle im Hinblick auf das Streben nach persönlichem Erfolg. Damit die Techniken wirken konnten, haben ebendiese Personen der Funktionsweise Zeit gegeben und sind trotz einzelner Rückschläge nie von ihrem Glauben abgewichen. Vor diesem Hintergrund wird die Wichtigkeit der inneren Haltung und des Fokus der Aufmerksamkeit erneut deutlich. Ohne die Macht der inneren Einstellung und des Glaubens an die Möglichkeit, Veränderungen erwirken zu können, wäre es nicht möglich gewesen, die eigenen Gedanken und Handlungen an den persönlichen Wünschen, Träumen und Zielen auszurichten und langfristig Erfolg in das eigene Leben zu ziehen.

Auf der Suche nach dem eigenen Erfolg wirst du dabei sicherlich immer wieder feststellen, dass es DEN Schlüssel zum Erfolg nicht gibt. Vielmehr gibt es für jeden von uns das eigene Erfolgsgeheimnis, das positive Veränderungen für uns bereithält. Während der eine oder andere Dankbarkeit nutzen wird, sind für wieder andere Personen Visualisierungen und Affirmationen die Techniken der Wahl für ein erfüllteres Leben.

Für dich ist es am Ende daher nur entscheidend, was für dich selbst funktioniert. Manifestieren bedeutet eben auch, die Stellschrauben neu zu spannen und andere Techniken auszuprobieren, wenn die bisherigen nicht den gewünschten Erfolg gebracht haben. Die Manifestation bietet dir dabei mit ihrer Vielzahl an Techniken und Möglichkeiten ein großes Repertoire, an dem du dich für deine eigenen persönlichen Erfolge bedienen kannst.

11.3 Motivation und Selbstvertrauen durch Vorbilder gewinnen

Um deine persönlichen Erfolge weiterhin zu verfolgen, kann es manchmal motivierend sein, wenn du dich an Vorbildern orientierst. Diese sollten von dir so gewählt werden, dass dich ihre Persönlichkeit sowie die damit verbundenen Leistungen und Erfolge begeistern. Mehr noch: Wenn du darüber nachdenkst, wärst du gerne wie sie.

Ein gutes Vorbild zeigt dir auch in schwierigen Phasen, was möglich ist und warum es für dich persönlich wichtig ist, dass du auch weiterhin an der Verfolgung deiner Ziele arbeitest.

Das Auseinandersetzen mit möglichen Vorbildern kann dir dabei sogar insoweit helfen, dass du zu mehr Selbsterkenntnis gelangst. Das liegt vor allem daran, dass du durch die Orientierung an Vorbildern etwas über deine eigenen Wünsche und Sehnsüchte erfährst.

Was aber macht eine Person für dich zum Vorbild? Dabei ist unser kognitives Vorgehen in aller Regel immer gleich:

* Wir suchen uns Menschen, die wir für Ihre Leistungen bewundern und die durch diese den Rang eines Vorbildes einnehmen.

* Hier sind es vor allem die Eigenschaften der jeweiligen Person, die uns begeistern. Hast du bereits ein konkretes Vorbild, kannst du dir hier die Frage stellen, welche Eigenschaften und Fähigkeiten dich an dieser Person begeistern.

* Genau diese Eigenschaften erzeugen in dir eine bestimmte Schwingung (Resonanz), die dir Aufschluss über deine eigenen Wünsche und Ziele im Leben geben kann.

* Eigenschaften, die du auf diese Weise entdeckst, verraten dir in der Praxis möglicherweise etwas über eigene Wünsche, die im Alltag schnell in Vergessenheit geraten können.

Vorbilder sind demnach der Spiegel deiner eigenen Ziel- und Wertvorstellungen und können dich motivieren, dein eigenes Leben positiv zu verändern. In der Folge ergibt sich hieraus für dich ein Zugewinn an Selbsterkenntnis.

Diese Selbsterkenntnis führt dazu, dass du dich authentischer entwickeln kannst.

Auch wenn im Verlauf eines Lebens Vorbilder oft unerreichbar bleiben, haben sie etwas Motivierendes. Sie zeigen dir auf, welche Eigenschaften und Fähigkeiten dich selbst begeistern, und erlauben dir, zu träumen. Das heißt jedoch nicht, dass du deine Vorbilder verwerfen solltest. Vielmehr solltest du durch Beharrlichkeit versuchen, die Eigenschaften deines Vorbildes zu übernehmen, die für dich als besonders wichtig erscheinen.

Auf diese Weise kannst du dich von deinen Vorbildern motivieren lassen und von ihnen im Verlauf deiner Entwicklung lebenslang lernen.

Tipp für die Praxis:

Nutze Vorbilder für deine persönliche Entwicklung als Inspiration. Versuche dabei jedoch nicht, deine Vorbilder eins zu eins zu kopieren, sondern deinen eigenen Weg zu finden.

Manifestieren als Lebensstil

Unsere heutige Welt unterliegt einem schnelllebigen Wandel. Dabei kann dir die Technik des Manifestierens, wenn sie als konsistentes Gedankenmuster zugegen ist, Sicherheit vermitteln und dir helfen, so zu denken, dass sich deine Wünsche und Ziele in die Realität überführen lassen.

Manifestieren als Lebensstil stützt sich dabei auf die Idee, dass du deine Gefühle, Gedanken und Absichten verwendest, um deine eigene Realität zu gestalten. Die Methode der Manifestation basiert dabei auf dem Glauben, dass deine Gedanken deine tatsächlichen Erfahrungen formen können.

Hat sich die Manifestation in deinem Alltag zu einem Lebensstil entwickelt, bedeutet dies, dass du dauerhaft auf Techniken wie die Visualisierung, positive Affirmationen, Achtsamkeit oder aber das Gesetz der Anziehung zurückgreifen kannst, um die Ziele in deinem Leben zu verfolgen und, mehr noch, diese aktiv zu gestalten.

Für die Praxis bedeutet dies: Du musst dir darüber bewusst werden, dass das Manifestieren keine passive Praxis ist. Vielmehr handelt es sich um eine Methode, die auch dein Handeln erfordert, wenn es um das Erreichen spezifischer Ziele geht. Die bewusste Lenkung deiner Gedanken sorgt dabei dafür, dass du die einzelnen Schritte, die zur Zielerreichung notwendig sind, kontrollieren kannst.

12.1 Integration des Manifestierens in den Alltag und in die tägliche Routine

Durch tägliche Praktiken wie Meditation, Journaling oder aber spezifische Übungen zur Visualisierung kannst du deine eigene Manifestationspraxis unterstützen und deine persönlichen Ziele verwirklichen.

Damit dir dies langfristig gelingt, ist es wichtig, dass du eine tägliche Routine entwickelst, von der du nach Möglichkeit nicht abweichst. Nachfolgend findest du einige Inspirationen, wie du das Manifestieren als Routine in deinen Alltag integrieren kannst.

Hinweis:

Die nachfolgend vorgestellten Ideen dienen nur als Inspiration. Darüber hinaus gibt es natürlich weitere Möglichkeiten, die Technik der Manifestation in deinen Alltag zu integrieren. Diese Bandbreite an Möglichkeiten vollumfänglich darzustellen, würde jedoch den Umfang des Ratgebers weit überschreiten.

Allmorgendliche Morgenroutine – Ideen:

* Nimm dir am Morgen Zeit, um deine Ziele und Wünsche zu visualisieren. Stelle dir exakt vor, wie es sich anfühlt, wenn sich deine Ziele und Wünsche erfüllen.

* Halte ein paar positive Aussagen (Affirmationen) fest und wiederhole diese mehrmals laut oder innerlich. Die Affirmationen sollten von dir dabei so gewählt werden, dass sie zu den von dir gesteckten Zielen passen.

Regelmäßiges Journaling:

* Nimm dir darüber hinaus täglich zu einer von dir frei gewählten Uhrzeit Zeit, um dir deine Ziele aufzuschreiben. Dabei schreibst du diese nicht nur auf, sondern visualisierst sie für eine unterstützende Wirkung zusätzlich.

Außerdem kannst du dir die einzelnen Schritte aufschreiben, die für die Erreichung deiner persönlichen Ziele notwendig sind

* Über das Journaling hinaus hast du die Möglichkeit, ein Dankbarkeitstagebuch zu führen. Das regelmäßige Festhalten dessen, wofür du dankbar bist, kann dir dabei helfen, deine Energien weiterhin auf das Positive zu richten und deine Manifestation zu verstärken.

Die Wichtigkeit von Achtsamkeit:

* Neben den bereits benannten Techniken solltest du auch darauf achten, dich regelmäßig in Achtsamkeit zu üben. Wie das gelingt? Du kannst Meditationsübungen und Achtsamkeitsübungen umsetzen, die dir helfen, deine Gedanken zu beruhigen und dich wieder voll und ganz auf deine Ziele zu fokussieren.

Ziele in Handlungen umwandeln – einige Ideen:

* Um deine Ziele zu unterstützen, ist es wichtig, dass du aus diesen konkrete Handlungen ableitest, die deine Zielerreichung unterstützen. Das bloße Manifestieren reicht hier nicht aus. Auch du musst aktiv ins Handeln gehen.

* Ein hilfreicher Tipp kann es sein, wenn du dich in deinem Umfeld nur mit Menschen umgibst, die ebenso positiv denken wie du. Unterstützend kannst du dabei auch auf Bücher und Podcasts zurückgreifen, die deine Überzeugungen teilen.

* Nimm dir des Weiteren regelmäßig Zeit, um dich selbst und deinen Fortschritt zu reflektieren. Welche Veränderungen hast du durchlaufen? Welche stehen noch aus? Solltest du dabei feststellen, dass noch Optimierungsbedarf besteht, hast du außerdem die Möglichkeit, deine Manifestationspraktiken anzupassen.

* Um deine Ziele noch klarer zu machen, kannst du außerdem ein Vision Board erstellen. Hierauf kannst du Bilder, inspi-

rierende Zitate oder auch Symbole sammeln, die für die Erreichung deiner Ziele stehen und diese stellvertretend repräsentieren. Beim Aufhängen des Vision Boards solltest du darauf achten, es so zu platzieren, dass du es regelmäßig sehen kannst.

Um ein besseres Gefühl für Achtsamkeitspraktiken und Meditation zu erlangen, erhältst du nachfolgend noch jeweils einige Übungen, die du für deine Manifestationspraxis nutzen kannst.

Anleitung: Achtsamkeitsübungen

Übung 1: Stilles Sitzen

Für die Durchführung dieser Übung benötigst du keinerlei Hilfsmittel. Suche einen ruhigen Ort auf und platziere dich aufrecht. Deine Augen bleiben dabei offen. Richte deinen Blick geradeaus. Versuche währenddessen, genau die Bewegungen deiner Atmung wahrzunehmen. Hierzu kannst du es dir beispielsweise leichter machen, indem du beim Atmen zählst oder deine Atemzüge gedanklich begleitest. Allen Gedanken, die währenddessen auftauchen, schenkst du keine Beachtung. Auch bewertest du sie nicht. Lasse sie bewusst vorüberziehen und kehre immer wieder zu deiner Atmung zurück.

Tipp:

Damit die Übung wirken kann, sollte sie von dir für mindestens acht Minuten umgesetzt werden. Mit der Zeit kannst du die Dauer der Übung ausweiten.

Übung 2: Die Wahrnehmung von Objekten

Suche dir einen ruhigen Ort und schalte jegliche Form der Ablenkung ab. Lasse im Anschluss deinen Blick durch den Raum schweifen und wähle einen Gegenstand in diesem Raum aus. Betrachte ihn genau und lasse dir dabei ausreichend Zeit, sodass du auch die Details wahrnehmen kannst. Im Anschluss schließt du deine Augen und visualisierst diesen Gegenstand genau. Stelle ihn dir vor deinem inneren Auge vor und beginne gedanklich damit, den Gegenstand abzutasten und bewusst zu fühlen. Wie fühlt er sich an? Welchen Duft sondert er ab? Welche Besonderheiten weist er auf?

Tipp:

 Die Übung kannst du steigern, indem du nach dem gedanklichen Berühren des Gegenstandes dazu übergehst, ihn mit Worten detailliert zu beschreiben. Mithilfe der Übung kannst du deine Visualisierungskompetenzen deutlich verbessern.

Übung 3: Der achtsame Morgen

Wer mit Achtsamkeit in den Tag startet, wird einen viel entspannteren Morgen haben. Dies kannst du dir zunutze machen, wenn du einen achtsamen Morgen in deine Routinen integrierst. Folgendermaßen kannst du hierzu vorgehen:

Greife nach dem Aufwachen bewusst nicht zum Smartphone. Verweile einige Minuten, nachdem der Wecker dich aus dem Schlaf geholt hat, im Bett. Je nach Belieben kannst du dich hierzu hinsetzen oder einfach liegen bleiben, so wie es dir am angenehmsten ist. Nun gehst du dazu über, deine Augen zu schließen und gedanklich in den Tag zu starten. Mache dir bewusst, worauf du dich an diesem Tag besonders freust. Welche Herausforderungen warten auf dich? Wie könntest du diese möglicherweise meistern? Mache dir selbst Mut und bestärke dich darin, dass es ein guter Tag wird. Dann atmest du ruhig ein und aus und kehrst langsam wieder zurück. Bleibe noch einige Minuten in deiner Position, bevor du dann anschließend in den Tag startest.

Anleitung: Meditation

Übung 1: Gehmeditation

Auch für diese Übung benötigst du keinerlei Hilfsmittel. Schalte dein Smartphone und sämtliche Ablenkungen aus. Im nächsten Schritt gehst du langsam und bewusst zu einem Spaziergang über. Hierzu kannst du dich ganz bewusst auf die Bewegungen deines Ganges konzentrieren.

Spüre in deine Füße hinein. Spüre, wie sie bei jedem Schritt aufsetzen und wieder zum Abrollen übergehen. Deine Hände lässt du währenddessen entspannt herunterhängen. Alternativ kannst du sie unter dem Brustkorb ablegen oder auf dem Rücken positionieren. Dein Kopf darf sich leicht neigen.

Tipp:

 Für diese Übung solltest du ausreichend Zeit einplanen. Nur so kann sie wirksam werden.

Übung 2: Mantra-Meditation

Mantras helfen dir beim Meditieren. Auch wenn es vielfach angenommen wird, muss das Meditieren nicht immer mit der klassischen Silbe „Om" beschritten werden.
Das Mantra für deine Meditation kannst du dir selbst aussuchen. Stelle dir hierzu den Timer. Dieser soll dich nach Ablauf von wenigen Minuten daran erinnern, aus der Meditation zurückzukehren. Wähle für deine Meditation einen sanften Ton und passe diesen deinem eigenen Atem an. Sag dir dein Mantra leise gedanklich auf. Zur Unterstützung kannst du dir hierzu einen schönen Ort vorstellen oder an etwas für dich Positives denken. Gib dich dabei den Geschehnissen hin und lasse dich von deinem Mantra leiten.

Übung 3: Meditation für wenig Zeit

Für diese Übung begibst du dich in eine bequeme Position. Du platzierst deine Hände auf deinem Bauch, etwas unterhalb deines Bauchnabels. Nun solltest du beim Atmen das Heben und Senken deines Bauches verspüren können. Atme langsam ein und aus. Im nächsten Schritt atmest du langsam ein und machst dann eine kurze Pause, in der du bis drei zählst. Dann atmest du aus und wiederholst *die Pause im Anschluss.*

Setze diese Atmung für die Dauer von einer Minute fort und zähle bei jedem Ein- und Ausatmen bis drei.

Tipp:

 Für die Umsetzung der Übung solltest du ein Zeitfenster von 10 Minuten einplanen.

Damit deine Manifestation sich wirklich als Lebensstil etabliert, solltest du darauf achten, dass du an deinen Routinen festhältst und diese zu einem festen Bestandteil deines Alltags werden lässt. Auch wenn es Tage gibt, an denen die Routinen weniger leicht von der Hand gehen, solltest du dich daran erinnern, dass die Konsistenz nur bestehen bleibt, wenn du stetig an dir und deinen Routinen arbeitest.

Die regelmäßige Integration dieser Praktiken in deinen Alltag hilft dir dann dabei, deine Gedanken und Energie auf das zu fokussieren, was du im Leben wirklich erreichen möchtest. Es lohnt sich also, dranzubleiben!

12.2 Nachhaltige und langfristige positive Veränderungen herbeiführen

Um deine Routinen nachhaltig und langfristig so zu verändern, dass du deine Ziele erreichst, solltest du für die Zukunft auch einen ganzheitlichen Ansatz verfolgen. Folgende Schritte können dir in der Praxis dabei helfen:

* **1.** Definiere für dich klare Ziele, die du unbedingt erreichen möchtest. Achte dabei aber darauf, dass deine Wünsche realistisch und erreichbar bleiben.

* **2.** Gehe deinen negativen Denkmustern auf den Grund und ersetze sie, so weit wie möglich, durch positive Denkweisen.

Diese sind konstruktiver und lenken deinen Fokus auf das, was für dich wirklich wichtig ist. Auch Affirmationen oder positive Selbstgespräche können dich hierbei unterstützen und dir helfen.

* **3.** Innerhalb deines Alltags solltest du darauf achten, gesunde Routinen zu implementieren. Hierzu zählen Faktoren wie eine gesunde Ernährung, regelmäßige Meditation, Bewegung, aber auch die Weiterentwicklung des eigenen Selbst.

* **4.** Um deinen Fortschritt zu erkennen, ist es dann darüber hinaus bedeutsam, dass du dir selbigen immer wieder ins Gedächtnis rufst. Hierzu gehört auch, dich selbst zu reflektieren und bei Bedarf deinen eigenen Fortschritt und die Strategien, die dich zu diesem geführt haben, anzupassen. Während des gesamten Manifestationsverlaufs sind deine wichtigsten Eigenschaften daher Anpassungsfähigkeit und Flexibilität, um auf Veränderungen reagieren zu können.

* **5.** In deinem Umfeld solltest du auf eine unterstützende Umgebung achten. Auch dies kann dich bei der Erreichung deiner Ziele und Wünsche unterstützen.

* **6.** Mache dir bei aller Übung und Routine darüber hinaus bewusst, dass auch Rückschläge normal sind. Sie sind Teil deines Prozesses. Aus diesem Grund ist es wichtig, dass du dennoch motiviert bleibst und auch Hindernisse mit Fassung nimmst. Lerne aus deinen Erfahrungen und bleibe offen für neue Ideen. Langfristige Veränderungen in deinem Leben benötigen immer Zeit und Geduld. Lass dich auch hier nicht von deinem Weg abbringen und halte an deinen Zielen fest.

Im Alltag kann dich die Umsetzung der hier angeführten Schritte unterstützen, die gewünschten Veränderungen in dein Leben zu ziehen. Lerne Neues und treffe auf der Basis des neuen Wissens neue und bessere Entscheidungen für die Erreichung deiner persönlichen Ziele und deines Fortschrittes.

12.3 Die Auswirkungen eines manifestierenden Lebensstils auf die Lebensqualität

Wie die vorangegangenen Erläuterungen gezeigt haben, kann ein manifestierender Lebensstil weitreichende Veränderungen für dein eigenes Wohlbefinden erzeugen. Das hat unterschiedliche Gründe:

* Das Manifestieren fördert das positive Denken. Bei der Durchführung verschiedener Manifestationspraktiken nimmst du damit automatisiert eine optimistischere Lebenshaltung ein, die dich von negativen Gedanken und Stress distanziert und den Fokus lediglich auf die Erreichung deiner Ziele legt.

* Du bist in dem völligen Vertrauen daran, dass der Glaube an deine Fähigkeiten dein eigenes Schicksal beeinflussen kann. Dies steigert dein Selbstvertrauen und damit auch dein persönliches Gefühl zu deiner eigenen Selbstwirksamkeit.

* Im Leben fördert dieses Vorgehen bei dir eine klarere und definiertere Vorgehensweise hinsichtlich der Erreichung dessen, was du vom Leben erwartest oder dir wünschst.

* Die Grundpfeiler der Manifestation sind daher Positivität und Zukunftsorientiertheit, die unser Leben maßgeblich verändern können, weil sie uns einen anderen Blickwinkel auf das Leben einnehmen lassen.

* Die Manifestation mit all ihren Techniken ist demnach ein mächtiges Werkzeug, das alle Bereiche des Lebens durchdringen kann, sofern wir zielgerichtet an der Erreichung unserer Ziele arbeiten und uns bewusst auf positive Ereignisse ausrichten. Denn diese sind es, die die Veränderungen in unserem Leben schaffen und uns zu mehr Lebenszufriedenheit führen.

* Darüber hinaus solltest du auch nicht vergessen, dass sich die Manifestation im Hinblick auf deine Stressbewältigung im Alltag positiv auswirken kann. So kommt es, dass ein mani-

festierender Lebensstil sich auch auf deine Beziehungen auswirkt und deine Einstellung dazu beiträgt, dass du gesündere und erfülltere Beziehungen führst.

* Die Interaktion im Einklang mit deinen Zielen und Werten kann dabei in dir ein tieferes Gefühl von Sinnhaftigkeit erzeugen, das deine persönliche Entwicklung voranbringt.

Bei all diesen Aspekten solltest du dir immer bewusstmachen, dass du, ganz im Sinne des Gesetzes der Anziehung, immer das anziehst, was du aussendest. Nutze also diese positive Energie, um noch mehr Positivität in dein Leben zu ziehen und deine Ziele langfristig zu erreichen. Hältst du die Hinweise in diesem Ratgeber ein, wird dies dazu führen, dass du zielgerichteter und positiver durch dein Leben gehen wirst. Dies wird sich auch auf deine Lebensqualität auswirken und dich zu einem insgesamt zufriedeneren Menschen machen.

13 Die Verantwortung des Manifestierens

Manifestation geschieht, einmal damit begonnen, rund um die Uhr. Selbst im Schlaf manifestierst du, wenn dein Bewusstsein die Richtung deiner Gedanken beeinflusst.

Die Macht und Verantwortung, die mit dem Manifestieren einhergehen, werden bereits hier deutlich. Das Manifestieren ist tief in den Grundlagen unseres Denkens und Handelns verankert und durchdringt damit vielseitige Aspekte unseres Lebens – beginnend bei persönlichen Zielen über Ambitionen bis hin zu gesellschaftlichen Veränderungen im Allgemeinen.

In einer Welt also, in der die Realität von den eigenen Gedanken geformt wird, kann der Wille zur Manifestation in jedem von uns erweckt werden. Richtig eingesetzt, kann die Technik der Manifestation als Ursprung für persönliche Träume betrachtet werden.

Die Verantwortung entspringt deinen Gedanken. Dein Weg ist dabei oftmals von Fragen wie *„Wie kann ich mich durch mein Gedankenwirrwarr navigieren, um mir das Leben zu erschaffen, was mich glücklich macht?"* geprägt.

Nachfolgend erhältst du daher einen Einblick in die ethische und moralische Verantwortung, die mit der Nutzung der Manifestationstechniken einhergeht, aber auch in den Einfluss, den das Manifestieren auf dein individuelles und das gesellschaftlich-kollektive Leben haben kann.

13.1 Die ethische und moralische Verantwortung im Umgang mit Manifestationskraft

Dass von der Fähigkeit, unsere eigenen Gedanken und Handlungen zu gestalten, eine immense Kraft ausgeht, hast du im Verlauf des Ratgebers bereits erfahren. Diese Macht kann neben deinen eigenen Zielen eben auch deine Umgebung betreffen.

Mit der Nutzung der Manifestation übernimmst du daher eine Verantwortung gegenüber deinen eigenen Wünschen, aber auch der Einbettung dieser Wünsche in das gesellschaftliche Gefüge.

Genau hierin liegt deine Verantwortung: Die von dir manifestierten Ziele sollten so gewählt werden, dass sie auf dein direktes Umfeld keinen Einfluss haben. Gleichwohl solltest du die Macht der Manifestation mit Bedacht und verantwortungsbewusst nutzen. Deine Verantwortung ist dabei nicht nur ethischer, sondern auch moralischer Natur.

Im Kontext der Manifestation solltest du also wohl überlegen, inwiefern deine Ziele potenzielle Konsequenzen für deine Mitmenschen tragen. Folgende Fragen können dir in der Praxis dabei hilfreich sein:

- *Wie beeinflussen meine Ziele und Wünsche das Wohl der Menschen um mich herum?*

- *Welche Auswirkungen haben meine Handlungen auf das Kollektiv?*

- *Sind die möglichen Auswirkungen ethisch und moralisch zu vertreten?*

Anhand dieser Fragen kannst du dir einen Raum eröffnen, der zu tiefergehender Selbstreflexion einlädt. Diese kannst du beispielsweise auch mit der nachfolgenden Übung trainieren:

Übungen zu mehr Selbstreflexion

Um dich selbst besser zu reflektieren, hast du verschiedene Möglichkeiten.

Möglichkeit 1: Das eigene Leben analysieren

Wirf einen nüchternen Blick auf dein Leben, hier insbesondere auf die Bereiche Passion, Mission, Profession und Berufung. Stelle dir selbst die Frage, was es benötigen würde, um in all diesen Bereichen mehr Zufriedenheit zu empfinden.

Diese verschiedenen Bereiche geben dir einen ersten Einblick in deinen persönlichen Sinn des Lebens. Anhand dieser Punkte kannst du daher auch Bereiche für die Manifestation ableiten, sofern du dir hier klarer bist.

Möglichkeit 2: Tagebuch führen

Viele Menschen führen im Alltag ein Tagebuch. Das hilft ihnen dabei, ihre eigenen Gedanken zu reflektieren und herauszufinden, welche Veränderungen sie durchleben. Das gelingt am besten, indem du täglich deine Gedanken in einem Tagebuch festhältst.

Hier kannst du beispielsweise verschriftlichen, wie es dir geht, was du am Tag erlebt hast und wie du dich bei deinen Erlebnissen gefühlt hast. Das führt dazu, dass du dich im Nachhinein besser selbst verstehen kannst.

Mit der Entscheidung für die Techniken der Manifestation obliegt dir also auch die Herausforderung, sowohl die ethische als auch die moralische Dimension des Manifestierens in Einklang zu bringen. Es ist daher wichtig, dass du erkennst, dass deine Manifestationen nicht isoliert betrachtet, sondern in den Gesamtkontext eingebunden werden müssen, um nicht in das Leben anderer einzugreifen und unbeabsichtigte Konsequenzen zu haben.

Die Reise geht weiter

Hast du dir deine Manifestationsfähigkeiten einmal erarbeitet, bedeutet dies nicht, dass du dich zurücklehnen solltest. Vielmehr geht es auch im weiteren Verlauf darum, dass du dich und deine Fähigkeiten einem stetigen Prozess der Weiterentwicklung unterziehst.

Die Weiterentwicklung und Vertiefung deiner Manifestationsfähigkeiten sind eine lohnende Investition in dich und deine Persönlichkeit. Das Kultivieren von positiven Handlungen und Gedanken, die dich bei der Erreichung deiner Ziele unterstützen, gehört dabei zu einem der wichtigsten Bausteine deiner Reise.
Im Kontext der nachfolgenden Kapitel wird es daher darum gehen, dir einige Techniken vorzustellen, die sich auf für das fortgeschrittene Stadium der Manifestation eignen.

14.1 Weitere Fortgeschrittenentechniken & Praktiken kennenlernen

Fortgeschrittene Techniken der Manifestation basieren auf den Grundlagen, die du bereits innerhalb dieses Ratgebers gelernt hast. In aller Regel gehen sie bei der Anwendung noch mehr in die Tiefe und führen dich auf diese Weise zu noch mehr Klarheit. Im Nachgang wirst du daher einige fortschrittliche Techniken kennenlernen, die du über das bereits Gelernte hinaus im Alltag anwenden kannst.

Folgende Techniken werden im Überblick vorgestellt:

- *Energetische Arbeit*

- *Tiefe Meditation und Bewusstseinsarbeit*

- *Schattenarbeit*

Hinweis:

 Die hier nachfolgend vorgestellten Techniken dienen lediglich als Inspiration. Die vollständige und allumfassende Vorstellung der Techniken würde den Rahmen des Ratgebers weit überschreiten, weshalb die Methoden nur in Form eines Überblicks abgebildet werden. Zur Vertiefung der einzelnen Praktiken kann weiterführende Literatur sinnvoll sein.

Energetische Arbeit

Unter dem Begriff Energetische Arbeit werden die Wirkweisen von Energien im Universum verstanden. Zu den energetischen Praktiken gehören dabei beispielsweise Techniken wie Reiki oder Qi-Gong.

Definition: Reiki

* Reiki ist in seinem Ursprung ein Kunstwort, das auf den Begründer Usui Mikao (1865-1926) zurückgeht und so viel bedeutet wie universelle Energie. Reiki beschreibt die Energie, die in allem lebt und vorhanden ist.

Heute umfasst der Begriff Reiki eine Behandlungsform, bei der durch das Auflegen von Händen und Körperkontakt Energien im Körper in Einklang gebracht werden. Hierbei sorgt der Behandelnde durch eine gute Durchblutung seiner Hände dafür, die hierdurch erzeugte Wärme an den Behandelten weitergeben zu können. Diese Wärme tritt dann in das Gewebe ein und sorgt für den Einklang der Energie in den behandelten Körperarealen.

Nicht immer ist eine externe Reiki-Behandlung nötig, um die Energieflüsse im Körper in Einklang zu bringen. Auch eine Reiki-Selbstbehandlung ist denkbar. Folgende Anleitung kannst du hierzu nutzen:

Anleitung: Reiki-Selbstbehandlung

- Im ersten Schritt geht es um die Vorbereitung deiner Behandlung. Hierzu kannst du dich auf einem Sessel oder der Couch platzieren oder dich flach auf eine bequeme Unterlage legen. Schalte das Smartphone aus und mache dir (nach Belieben) angenehme Musik an.

- Die Behandlung sollte eine Dauer von 30 Minuten umfassen.

- Unter deine Ellenbogen kannst du Kissen platzieren, um deine Schultern im Verlauf der Übung zu entlasten.

- Im nächsten Schritt geht es darum, deine Aura (deine Ausstrahlung) glatt zu streichen. Hierzu streichst du dreimal von oben nach unten (vom Kopf zu den Füßen) über deine Aura. Deine Handflächen hältst du hierzu in einem Abstand von 50 cm zu deinem Körper. Wenn du an deinen Füßen angekommen bist, kippst du deine Handflächen nach außen.

- Anschließend gehst du dazu über, dich zu sammeln und zu zentrieren. Hierzu atmest du bewusst ein und aus, um kurz innezuhalten.

- In Form einer Affirmation sprichst du dann zum Universum und öffnest dich für die Energien, die dort auf dich warten.

- Mithilfe der Affirmationen gibst du ein Zeichen dafür, dass dein Körper bereit ist, positive Energien aufzunehmen.

- Im wichtigsten Teil geht es nun darum, die Hände aufzulegen. Hierzu hast du verschiedene Möglichkeiten:

  1. Das Gesicht: Hierzu platzierst du deine Hände auf deinem Gesicht und bedeckst deine Augen und Finger.

Bei Beschwerden in diesem Bereich (auch bei Stress) bietet sich diese Position an.

2. *Der Hals: Bei dieser Position platzierst du deine Hände auf der Mulde an deinem Hals. Die andere Hand wird darüber platziert. Diese Position eignet sich bei Kommunikationsproblemen oder Problemen mit der Schilddrüse und dem Kehlkopf.*

3. *Das Herz: Für diese Position legst du deine Hand aufs Herz und positionierst die andere darüber. Besonders geeignet ist diese Position für Probleme im Bereich des Herzens oder der Bronchien.*

4. *Der Bauch: Hierzu positionierst du deine Hand oberhalb deines Bauchnabels. Die andere Hand positionierst du darunter. Dies ist eine Position, die sich für Probleme mit dem Magen und Darm und auch dem vegetativen Nervensystem eignet.*

5. *Der Unterleib: Für diese Haltung platzierst du deine Hände in einem V auf deinem Unterleib. Angesprochen werden hierbei die Blase, Fortpflanzungsorgane und Harnleiter oder der Darm.*

- Um deinen Energiefluss in anderen Positionen deines Körpers in Einklang zu bringen, kannst du darüber hinaus deine Hände an den Stellen auflegen, die sich für dich richtig anfühlen.

- Zuletzt schließt du deine Selbstbehandlung mit dem erneuten dreimaligen Ausstreichen deiner Aura ab.

Definition: Qi-Gong

* Qi-Gong gehört zu den traditionellen chinesischen Bewegungsformen, die in Zeitlupe ausgeführt werden. Die Methode wird als eine Übung verstanden, die Körper und Geist auf der Basis von Meditation, Atmung und Bewegungsübungen wieder in einen energetischen Einklang bringt. Innerhalb der Traditio-

nellen Chinesischen Medizin gilt Qi-Gong daher als eine essenzielle Behandlungsmethode und wird bereits seit einigen Jahrtausenden praktiziert.

Eine der bekanntesten Qi-Gong-Übungen, die du auch zuhause durchführen kannst, ist die nachfolgende:

<u>Anleitung: Sammlung der Körperenergie</u>

- Für die Ausführung der Energie positionierst du dich zunächst entspannt. Im nächsten Schritt verlagerst du dein Gewicht gleichmäßig auf deine Füße, die zu diesem Zeitpunkt schulterbreit aufgestellt sind.

- Anschließend beugst du dich in Richtung deiner Knie und richtest die Wirbelsäule in einer Linie auf. Dein Becken schiebst du hierbei nach vorne (aber nur leicht!).

- Im nächsten Schritt senkst du dein Kinn in Richtung deiner Brust, sodass dein Hinterkopf die Verlängerung deines Rückens wird. Entspanne deine Schultern und lasse die Arme seitlich herunterhängen.

- Dann legst du deine Hände übereinander auf den Bereich unterhalb deines Bauchnabels. Hier liegt dein Energiezentrum.

- Atme nun ruhig weiter durch den Mund ein und die Nase aus. Beim Ein- und Ausatmen richtest du deine Aufmerksamkeit vollständig auf deinen Atem.

Hinweis:

Die Übung kannst du so oft wiederholen, wie es dir guttut.

Energetische Arbeit

Die regelmäßige Meditation hilft dir dabei, ein tieferes Verständnis für die Muster deiner Gedanken und Gefühle zu erlangen. Oftmals kannst du in diesem Prozess die Muster deiner Gedanken durchbrechen, die dich bei der Manifestation in der Praxis behindern.

Die tiefe Meditation erweitert dein Bewusstsein. Folgende Punkte sind hierbei entscheidend:

* Sei bei der Umsetzung der Praxis kontinuierlich. Setze dir regelmäßige Termine, zu denen du dir Zeit für die Meditation und die Arbeit mit deinem Bewusstsein nimmst. Beginne mit wenigen Minuten und steigere die Zeit so weit, wie es dir guttut.

* Setze Atemübungen ein, um deinen Geist zu beruhigen und dein Bewusstsein stärker zu fokussieren. Hier eignet sich beispielsweise die nachfolgende Übung aus dem Yoga:

  Anleitung: Pranayama-Technik

  - Positioniere dich bequem. Achte auf eine gerade Sitzhaltung. Atme durch die Nase ein. Durch den Mund atmest du dann wieder aus. Beim Ausatmen stellst du dir vor, dass du einen Spiegel anhauchen würdest. Achte dabei auf die Geräusche, die deine Stimmbänder beim Anhauchen des Spiegels von sich geben.

  - Im Anschluss wiederholst du die Übung und atmest aber nicht durch den Mund, sondern durch die Nase ein und aus. Deine verengten Stimmritzen, die du durch das Anhauchen des Spiegels erzeugt hast, behältst du dabei bei, sodass deine Kehle ein Geräusch erzeugt, das dich vermutlich an das Rauschen des Meeres erinnern wird.

  - Achte im nächsten Schritt darauf, dass Ein- und Ausatmung gleich lang sind.

- *Im Verlauf der Meditationen, die du durchführst, solltest du außerdem darauf achten, dass du versuchst, deine Gedanken und Emotionen zu beobachten. Eine Bewertung lässt du dabei jedoch aus.*

- *Die in diesem Kontext ergründeten Gedanken kannst du im Nachgang an deine Meditationspraxis schriftlich fixieren und untersuchen. Hieran lassen sich meist schon erste Fortschritte der eigenen Entwicklung erkennen.*

- *In deinem Alltag kann diese Praxis dazu beitragen, dass du dein Bewusstsein erweiterst, deinen Stress reduzierst und deine emotionale Stabilität sich verbessert.*

Schattenarbeit

Mit dem Begriff der Schattenarbeit wird eine Vorgehensweise beschrieben, die auf den Annahmen des schweizerischen Psychiaters Carl Gustav Jung (1875-1961) basiert.

Jung postuliert, dass jeder Mensch in seiner Persönlichkeit eine Vielzahl von Schatten beherbergt, die es aufzuspüren gilt, um zu mehr Wohlbefinden zu gelangen.
Dir persönlich kann die Schattenarbeit auf dem Weg zu einem selbstbestimmteren Leben bei der Erkundung deiner eigenen Träume und Ziele helfen.

In ihrem Vorgehen beinhaltet die Schattenarbeit drei wichtige Bestandteile. Zu diesen gehören die Erkennung der eigenen Schatten, das Kennenlernen der eigenen Schatten sowie das Integrieren der eigenen Schatten in dein eigenes Leben.

Mithilfe der nachfolgenden Übungen kannst du genau diese Schritte verfolgen, um deine eigenen Schatten aufzudecken.

Anleitung 1: Die eigenen Schatten erkennen

Zunächst ist es wichtig, dass du deine eigenen Schatten erkennst. Hierzu musst du wissen, wie sich deine Schatten im Alltag zeigen. Dazu kannst du dich beispielsweise fragen, wann du das letzte Mal sehr emotional auf etwas reagiert hast.

Auf diese Weise wirst du schnell merken, wann deine Schatten in deinem Alltag anwesend sind. Eine beliebte Methode, die dieses Vorgehen unterstützt, ist das sogenannte Journaling. Hierbei kannst du dich gezielt auf die folgenden Fragestellungen stützen:

- *Was triggert mich in meinem Leben?*
- *Was triggert mich in Beziehungen?*
- *Wann beurteile ich mich?*
- *Wann beurteile ich andere?*
- *Wann verurteile ich mich?*
- *Wann verurteile ich andere?*
- *Was mag ich an anderen nicht?*
- *Was bewundere ich an anderen?*
- *Was bereitet mir Schwierigkeiten?*

Die Antworten auf diese Fragen kannst du in schriftlicher Form in deinem Journal festhalten und auf diese Weise dein Denken und Handeln reflektieren.

Anleitung 2: Den eigenen Schatten kennenlernen

Nachdem du deinen Schatten identifiziert hast, kommt es darauf an, dass du deinen Schatten kennenlernst. Es ist beispielsweise wichtig, wann er sich in deinem Leben zeigt und warum er auftaucht. In der Praxis kannst du hierzu ins Gespräch mit deinem Schatten gehen.

Hierzu suchst du dir einen ruhigen Ort und nimmst eine bequeme Haltung ein. Schließe die Augen und atme tief ein und aus. Versuche, deinen Körper dabei zu entspannen und zur Ruhe zu kommen.

Anschließend begrüßt du deinen Schatten und überlegst dir, welche Fragen du an ihn richten möchtest. Klassisch könnten dies die folgenden Fragen sein:

- *Wie bist du entstanden?*
- *Welche Aufgabe übernimmst du?*
- *Wie kann ich dich unterstützen?*

Im Anschluss gehst du dazu über, den Antworten, die dir dein Schatten auf diese Fragen gibt, aufmerksam zuzuhören. Die Antworten auf diese Fragen hältst du im Anschluss ebenfalls in deinem Journal fest.

Anleitung 3: Mit dem Schatten arbeiten

Zum Abschluss der Schattenarbeit ist es wichtig, dass du lernst, deine Schattenanteile als Teil deiner Persönlichkeit anzunehmen. Sie sind Teil deines Lebens und sollten in dieses integriert werden.

Um dir auch hierfür bewusst Zeit zu nehmen, suchst du dir erneut einen ruhigen Ort und positionierst dich an diesem bequem. Als Nächstes gehst du dazu über, tief ein- und auszuatmen.

Dein Körper sollte sich hierbei entspannen. Dann schließt du die Augen und stellst dir deinen Schatten bildlich vor.

Versuche hierbei, ein möglichst detailgetreues Bild zu zeichnen. Um dir deinen Schatten noch besser vorzustellen, kannst du dich an den nachfolgenden Leitfragen orientieren:

- *Wie sieht dein Schatten aus?*
- *Hat dein Schatten bestimmte Eigenschaften?*

Anschließend stellst du dir vor, wie du freudig auf deinen Schatten zugehst und ihn in den Arm nimmst. Du bedankst dich bei ihm, dass er Teil deines Lebens ist, und versuchst dann, zu fühlen, wie es sich anfühlt, in dieser Beziehung zu deinem Schatten zu stehen.

Die hier vorgestellten Übungen zur Schattenarbeit können dir die ersten Schritte im Hinblick auf die Arbeit mit deinen Schatten erleichtern.

Mithilfe dieser Techniken hebst du deine Manifestations-fähigkeiten auf eine höhere Stufe und kannst deine Reise zu mehr Selbstbestimmung und einem erfüllteren Leben fortsetzen.

21-Tage-Challenge zur Festigung deiner neuen Fähigkeiten

Weil aller Anfang schwer ist, sollst du mit den folgenden Aufgabenstellungen dazu inspiriert werden, direkt mit der praktischen Durchführung zu beginnen. Wie sieht es aus, zeigst du hierfür die erforderlichen Ambitionen mit einer guten Prise Begeisterungsfähigkeit? Oder kommt direkt der Impuls durch, zu prokrastinieren und das Buch an dieser Stelle besser erstmal wieder zuzuschlagen?

Nun, du weißt selbst gut genug, dass sich damit leider nicht das Geringste verändern wird. Außerdem besteht die Challenge lediglich darin, sich über einen Zeitraum von 21 Tagen diszipliniert jeden Tag ein paar Minuten Zeit zu nehmen, um die wichtigsten Fertigkeiten und Erfolgsfaktoren auszubauen. Ich bin mir sicher, dass du diese aufbringen kannst, wenn dir die Sache erstrebenswert genug ist.

Bitte lies dir dafür an jedem Tag die jeweils anstehende Aufgabe schon am Morgen durch, bevor du aus dem Haus gehst. Denn bei den Verhaltensübungen wirst du das eine oder andere Mal dazu aufgefordert, diese im Laufe des Tages in die Tat umzusetzen. Fühle dich frei, die Übungen nach deinem Empfinden zu variieren und nach Lust und Laune beliebig oft zu wiederholen.

Die Challenge dient außerdem als Wiederholung bereits besprochender Übungen und soll dir helfen, diese in deinen Alltag zu integrieren.

Ich wünsche dir gutes Gelingen und spannende Beobachtungen.

Tag 1: Klarheit über deine Ziele (Tag der Intention)

Schreibe eine Liste von 3 konkreten Zielen oder Wünschen, die du manifestieren möchtest.
Notiere, warum diese Ziele für dich wichtig sind.

Tag 2: Visualisierung

Nimm dir 10-15 Minuten Zeit, um eines deiner Ziele intensiv zu visualisieren. Stelle dir vor, wie es sich anfühlt, dieses Ziel bereits erreicht zu haben.

Tag 3: Affirmationen erstellen

Entwickle positive Affirmationen für jedes deiner Ziele. Formuliere sie in der Gegenwart, als ob sie bereits wahr wären.

Tag 4: Morgenroutine festlegen

Erstelle eine morgendliche Routine, die es dir ermöglicht, deine Ziele und Affirmationen zu wiederholen und in einen positiven Zustand zu versetzen.

Tag 5: Negative Gedanken erkennen

Achte bewusst auf negative Gedanken oder Selbstzweifel, die auftauchen. Schreibe sie auf und konfrontiere sie mit positiven Affirmationen.

Tag 6: Das Gesetz der Anziehung verstehen

Lese oder informiere dich über das Gesetz der Anziehung und wie es funktioniert. Verstehe, wie deine Gedanken deine Realität beeinflussen.

Tag 7: Manifestationsmeditation

Finde eine geführte Manifestationsmeditation online und praktiziere sie für mindestens 15 Minuten.

Tag 8: Dankbarkeit

Schreibe eine Liste von 10 Dingen, für die du heute dankbar bist. Konzentriere dich auf positive Gefühle der Dankbarkeit.

Tag 9: Loslassen

Identifiziere negative Glaubenssätze oder Zweifel, die dir im Weg stehen könnten, und übe dich im Loslassen dieser negativen Energie.

Tag 10: Umgebung anpassen

Richte einen inspirierenden Manifestationsaltar oder einen Bereich in deinem Zuhause ein, der dich an deine Ziele erinnert.

Tag 11: Visualisierung und Affirmationen

Wende wieder Visualisierung und Affirmationen auf eines deiner Ziele an. Vertiefe deine Vorstellungskraft.

Tag 12: Aktive Schritte unternehmen

Plane konkrete Schritte, die du unternehmen kannst, um eines deiner Ziele zu erreichen. Beginne mit der Umsetzung.

Tag 13: Erfolgsjournal führen

Führe ein Erfolgsjournal und notiere positive Veränderungen oder Zeichen, die darauf hinweisen, dass deine Manifestationen in Bewegung sind.

Tag 14: Achtsamkeit und Selbstliebe

Praktiziere Achtsamkeit und Selbstliebe. Sorge gut für dich selbst, um deine Energie zu stärken.

Tag 15: Freude und Begeisterung

Fokussiere dich auf die Freude und Begeisterung, die mit der Verwirklichung deiner Ziele einhergehen. Stelle dir vor, wie es sich anfühlt, sie erreicht zu haben.

Tag 16: Geduld und Vertrauen

Übe Geduld und Vertrauen. Manifestation erfordert Zeit. Vertraue darauf, dass deine Ziele sich manifestieren werden.

Tag 17: Taten und Gelegenheiten

Suche aktiv nach Gelegenheiten, die dich deinen Zielen näherbringen, und ergreife konkrete Maßnahmen.

Tag 18: Wertschätzung

Zeige Wertschätzung für die Fortschritte, die du bisher gemacht hast, und erkenne deine Stärke und Entschlossenheit.

Tag 19: Rückblick und Anpassung

Blicke auf die letzten 18 Tage zurück und passe deine Manifestationsstrategie an, wenn nötig.

Tag 20: Gemeinschaft und Teilen

Teile deine Erfahrungen und Erkenntnisse mit anderen, sei es mit Freunden und Familie.

Tag 21: Feier und Neuorientierung

Feiere deine Manifestationserfolge. Nutze diesen Tag, um deine Manifestationsziele neu auszurichten und weiterhin positive Veränderungen in deinem Leben anzustreben.

Unterstützende Affirmationen

Die folgenden Devisen sollen deine neu gewonnene Zuversicht, erlebte Selbstwirksamkeit und optimistische Sichtweise untermauern und dir Mut machen, dich auf dem eingeschlagenen Weg unermüdlich weiterzuentwickeln.

Du kannst sie dir immer wieder laut vorlesen oder auch einzeln ausdrucken und an gut sichtbare Stellen wie den Spiegel oder den Kühlschrank hängen, damit sie sich bei jedem Blick darauf mehr und mehr in deiner Überzeugung verfestigen.

Mit Affirmationen machen wir uns erneut zunutze, unser Denken positiv zu stimmen, damit sich dies in tatsächlich wahrgenommenen bestärkenden Emotionen wie Selbstvertrauen und Zuversicht niederschlägt.

Daher gilt wieder, dass es sich auf keinen Fall um leere Phrasen handeln darf, mit denen du dich nicht identifizieren kannst.

Vielmehr muss eine emotionale Verbindung entstehen, damit eine Affirmation ihr Potenzial entfalten kann. Wenn die eine oder andere der hier wiedergegebenen Aussagen nicht zu dir passt, so überspringe sie einfach großzügig.

Ergänzend kannst du gerne deine ganz individuellen Affirmationen kreieren. Je wohler du dich mit ihnen fühlst, desto tiefer dringen sie in dein Unterbewusstsein ein und können sogar zu erbaulichen Glaubenssätzen werden.

1) Ich allein entscheide über meine Gedanken.

2) Ich verdiene es, glücklich zu sein.

3) Ich bin dankbar für die Möglichkeiten, die ich heute geschenkt bekomme.

4) Ich schenke dem Hier und Jetzt meine volle Aufmerksamkeit.

5) Ich kenne mein Potenzial und lebe es aus.

6) Ich entscheide mich für Freude.

7) Meine Freundschaften bereichern mein Leben.

8) Ich bin dem gewachsen, was auf mich zukommt.

9) Ich treffe die richtigen Entscheidungen.

10) Ich gestalte meinen Tag mit Leichtigkeit.

11) Ich ziehe das Schöne magisch an.

12) Ich trage die Verantwortung für mein Handeln.

13) Ich entwickle mich jeden Tag weiter in die gewünschte Richtung.

14) Ich vertraue auf das Gute.

15) Ich vertraue auf mich selbst und auf meine Fähigkeiten.

16) Mit jedem Atemzug werde ich zuversichtlicher und kraftvoller.

17) Ich fokussiere mich auf das Positive, das mir heute begegnet.

18) Ich stecke andere mit meiner Energie an.

19) Mein Lebenssinn schenkt mir Kraft und Motivation.

20) Ich trage alles in mir, um glücklich zu sein.

21) Ich handle im Einklang mit mir selbst.

22) Ich werde geliebt und erfahre Unterstützung.

23) Ich selbst bestimme über mein Schicksal.

24) Ich sage Ja zu einem erfüllten Dasein.

25) Ich vergebe mir und fühle mich frei.

26) Ich bin bereit für positive Veränderungen.

27) Ich bin es mir wert, für mein Wohlbefinden einzustehen.

28) Ich konzentriere mich auf die Umstände, die ich verändern kann.

29) Ich nehme mir Zeit für meine Bedürfnisse.

30) Ich blicke hoffnungsvoll in die Zukunft.

Zusätzlich kannst und sollst du sogar deine ganz eigenen Affirmationen verfassen, die bei dir komplett ins Schwarze treffen, und von diesen kleinen Helfern dann reichlich Gebrauch machen, um dein positives Denken und Fühlen immer weiter voranzubringen.

Dabei gibt es lediglich ein paar simple Regeln zu beachten, damit sie ihren Zweck nicht verfehlen:

* Formuliere die Affirmationen immer in der Gegenwart.

* Vermeide es, Verneinungen und negativ behaftete Begriffe zu verwenden (schreibe also nicht „Ich habe keine Zweifel mehr", sondern „Ich vertraue auf meine Entscheidungen").

* Vergewissere dich, dass der Satz wirklich wünschenswerte Emotionen in dir auslöst, sonst formuliere ihn neu.

* Achte wieder darauf, so zu formulieren, dass du der Affirmation Glauben schenken kannst, und schwäche sie gegebenenfalls lieber ab. Wenn dir „Ich bin furchtlos" nicht so recht über die Lippen kommt, probiere es also erst einmal mit „Ich werde immer etwas mutiger". Ansonsten meldet dein Verstand kritisch „Was? Du alter Angsthase, das entspricht ja wohl nicht der Wahrheit!" und blockiert die Botschaft völlig.

Ist es dir gelungen, einige persönliche Affirmationen zu schaffen, dann beschäftige dich möglichst häufig mit ihnen. Hänge sie in der Wohnung auf oder lade sie dir aufs Handy, lies sie dir vor dem Schlafengehen nochmal durch – jedes Mittel ist recht, damit sie sich manifestieren und deine neue, positivere Haltung verstärken.

Nachwort

Herzlichen Glückwunsch! Du hast den Ratgeber zum Thema Manifestation durchgearbeitet. Du hast die innersten Punkte deines Selbst ergründet und dich mit deinen Wünschen und Träumen auseinandergesetzt. Du hast ein neues Ich erschaffen, das sich auf die Reise zu mehr Wohlbefinden und Dankbarkeit begeben hat.

Die Vielfalt der Techniken, die du in diesem Ratgeber kennengelernt hast, zeichnet dabei ein gutes Bild dessen, was mit der Kraft der Manifestation und den Methoden der Visualisierung, der Verwendung von Affirmationen, dem Praktizieren von Dankbarkeit oder auch der energetischen Arbeit oder Meditation möglich ist.

Nun liegt es an dir, dich auf die Reise zu mehr Wachstum und Selbstentdeckung zu begeben und die Verantwortung für deine eigenen Gedanken, Handlungen und letztlich für dein Leben zu übernehmen.

Jede Technik kann dabei ein Schlüssel für dich selbst sein, wenn du einer kontinuierlichen Praxis nachkommst und dir erlaubst, über dich selbst hinauszuwachsen und zu lernen.

Mit diesem Ratgeber hast du hierzu eine Vielzahl an praktischen Werkzeugen für deinen Alltag erhalten, die dich inspirieren sollten, deine eigene Reise der Manifestation zu unternehmen, deine Träume zu verfolgen und die Ziele zu setzen, die dich zukünftig persönlich wachsen lassen.

Impressum

Gloria Wünsche wird vertreten durch:

Sebastian Wünsche

Bahnhofstraße 20

02742 Neusalza-Spremberg

Email: Buchwurm-Piraten@web.de

Instagram: Buchwurmpiraten

Facebook: https://www.facebook.com/Buchwurmpiraten

Originalausgabe

1. Auflage Februar 2024

Printed in Poland
by Amazon Fulfillment
Poland Sp. z o.o., Wrocław

34924298R00072